초등 영작문 스타트

지은이 하명옥
펴낸이 안용백
펴낸곳 (주)넥서스

초판 1쇄 발행 2008년 8월 25일
초판 2쇄 발행 2010년 1월 25일

2판 1쇄 발행 2011년 4월 25일
2판 3쇄 발행 2011년 7월 10일

3판 1쇄 발행 2016년 4월 30일
3판 2쇄 발행 2016년 5월 5일

출판신고 1992년 4월 3일 제311-2002-2호
04044 서울시 마포구 양화로 8길 24
Tel (02)330-5500 Fax (02)330-5555

ISBN 979-11-5752-757-1 63740

www.nexusbook.com
넥서스Friends는 (주)넥서스의 초·중등 영어 전문 브랜드입니다.

초등
3-6학년

단어와 문법까지 한 번에 잡는

초등 영작문 스타트

하명옥 지음

넥서스Friends

이 책을 공부하기 전에···

영어 공부를 하고 있나요?
외국인과 대화도 하고 싶고
재미있는 영어 동화도 읽고 싶나요?
어떤가요? 어렵다고요?

맞아요! 영어로 듣고 말하는 것도 어렵고 영어로 된 글을 읽는 것도 쉽지 않아요.
그런데 선생님께서, 아니면 부모님께서 영어로 일기를 쓰라고 한다고요?
영어일기 쓰는 것, 어려워 죽겠다고요? 잘 안 된다고요?

아~ 알겠어요. 우리말로도 일기 쓰기 싫은데 영어로 쓰라고 하시니 그 심정 다 이
해해요. 이해하고 말고요.

하지만 너무 걱정 마세요. 영어로 문장 만드는 법을 알려 줄게요.
영어로 문장 만드는 방법을 영작이라고 하지요.
이 책에는 여러분이 영어일기뿐 아니라 영어로 어떤 글이든 쉽게 쓰도록 해 주는
비법이 담겨 있어요.

영어 문장을 자연스럽고 정확하게 쓰기 위해서는 꼭 알아 두어야 할 것들이 있지
요. 우선 우리말과 영어는 문장의 순서가 많이 달라요. 움직임이나 상태를 나타내
는 말인 동사의 쓰임도 다른 게 많고요.

단어를 꾸미고 문장의 상황을 자세히 설명하는 형용사나 부사의 쓰임에도 주의해야 할 것들이 있지요. 우리말에는 보통 '~에'라고 해석할 수 있는 전치사의 쓰임도 상황에 따라 다양하고요.

이외에도 우리말과 다른 영어의 쓰임이 있는데, 그런 내용들을 여러분이 공부할 수 있도록 쉽게 설명했어요.
그리고 공부한 내용을 이용해서 여러분 스스로가 영어 문장을 만들어 보는 연습을 할 수 있도록 했어요. 직접 영어일기를 써 보면 자신감도 생기고, 자신의 실력이 향상되는 경험을 할 거예요.

처음부터 차근차근 하나씩 공부하고 영작하는 연습을 통해서 실력을 키워가다 보면 영어식으로 문장 만드는 법에 익숙해질 거예요.
그렇게 되면 영어일기뿐 아니라 영어편지, 나아가서는 영어논술에도 도전할 수 있는 영작 실력을 분명히 갖추게 될 거예요.

여기서 꼭 기억해야 할 것이 하나 있어요. 바로 영어는 꾸준히 많은 시간을 투자해서 공부해야 실력이 좋아진다는 것이지요. 이 책으로 열심히 공부해서 영어 글쓰기를 자유롭게 할 수 있기를 바랄게요.

하명옥

이렇게 공부하세요!

이 책은 총 88개의 우리가 알아야 할 영작 표현들로 구성되어 있어요.
각 장에서는 공부할 내용을 우리말 문장으로 표현해서 틀리기 쉬운 부분과
알아야 할 부분을 파악하고 쉽게 기억할 수 있도록 했어요.
이제 여러분도 이렇게 공부해 보세요! 영작이 즐거워질 거예요!

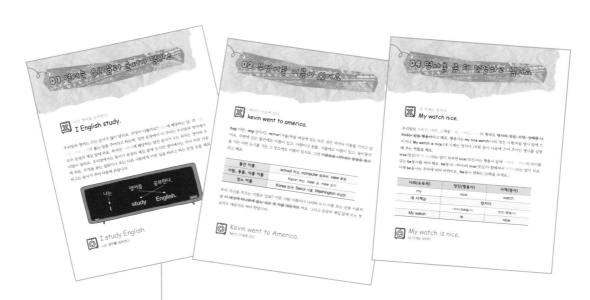

확실히 구분되는 쓰임의 차이와 충분한 예문
영어 문장을 정확하고 자연스럽게 쓰기 위해서는 먼저 영어
와 우리말의 차이를 알아야 해요. 이 책에서는 우리말과 영
어의 서로 다른 쓰임을 보여 주고 있어요. 특히 비슷한 유형
의 실수들을 반복하지 않도록 많은 예문들을 들고 있어요.

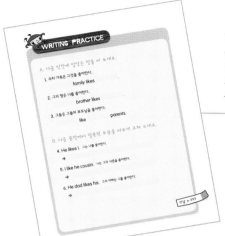

영작 연습

앞에서 공부한 내용을 기억하면서 실제로
영어로 글을 쓰는 연습을 해 보는 코너예요.
뒤로 갈수록 어려워지도록 배열했으니, 단어
들을 참고해서 한번 차근차근 써 보세요.

REVIEW

각 장마다 귀여운 그림 일기를 보여 주고 있어요.
여러분과 같은 초등학생이 일기를 어떻게 썼는지
읽고 영어로 일기를 써 보세요. 실제로 영어일기를
쓸 때의 형식과 내용을 참고할 수 있어요.

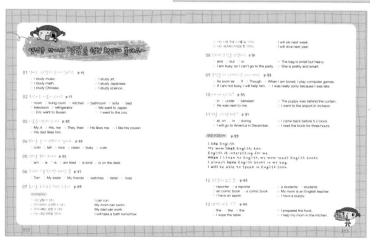

정답

영작 연습한 내용을 살펴볼 수 있는
모범 답안이 있어요. 직접 써 보기 전에
는 절대로 보면 안 돼요.

공부할 순서를 보아요!

제 1 장 기본 다지기

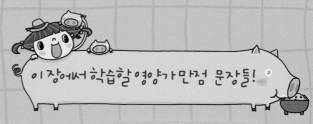

이 장에서 학습할 영양가만점 문장들!

01 I study English.

02 Kevin went to America.

03 My sister likes him.

04 My watch is nice.

05 He is my cousin.

06 He watches TV.

07 He can drive.

08 I am short but I run fast.

09 When I am tired, I call him.

10 The puppy is on the sofa.

11 I go to church on Sunday.

01 영어는 우리말과 순서가 달라요

나는 영어를 공부한다.
I English study.

우리말과 영어는 쓰는 순서가 많이 달라요. 무엇이 다를까요? 나는에 해당하는 말, 즉 ~은, ~는, ~이, ~가가 붙는 말을 주어라고 하는데, 일반 문장에서 이 주어는 우리말과 영어에서 모두 문장의 제일 앞에 와요. 하지만 ~하다에 해당하는 말인 동사가 오는 위치는 영어와 우리말이 달라요. 우리말에서는 동사가 문장의 제일 끝에 오지만 영어에서는 주어 바로 다음에 와요. 무엇을 묻는 질문이나 또는 다른 사람에게 어떤 일을 하라고 하는 문장 등을 제외하고는 동사가 주어 다음에 온답니다.

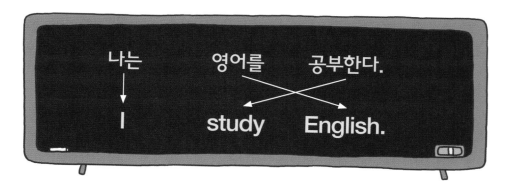

I study English.
나는 영어를 공부한다.

A. 다음 단어들을 순서에 맞게 나열하세요.

1. I, music, study 나는 음악을 공부한다.
→

2. study, I, art 나는 미술을 공부한다.
→

3. math, study, I 나는 수학을 공부한다.
→

B. 다음 우리말을 영어로 써 보세요.

4. 나는 일본어를 공부한다. (일본어 Japanese)
→

5. 나는 중국어를 공부한다. (중국어 Chinese)
→

6. 나는 과학을 공부한다. (과학 science)
→

정답 p.222

02 무엇이든 이름이 있어요

 케빈이 미국에 갔다.
kevin went to america.

bag(가방), dog(강아지), mirror(거울)처럼 세상에 있는 모든 것은 저마다 이름을 가지고 있어요. 주변에 있는 물건에도 이름이 있고, 사람이나 동물, 식물에도 이름이 있고, 놀이동산을 가든 어떤 도시를 가든 그 장소에도 이름이 있지요. 그런 이름들을 나타내는 말들을 명사라고 해요.

물건 이름	school 학교, computer 컴퓨터, vase 꽃병
사람, 동물, 식물 이름	Kevin 케빈, bear 곰, rose 장미
장소 이름	Korea 한국, Seoul 서울, Washington 워싱턴

우리 자신을 부르는 이름도 있죠? 이런 사람 이름이나 나라와 도시 이름 또는 공원 이름처럼 이 세상에 하나밖에 없는 것은 첫 자를 대문자로 써요. 그리고 문장의 제일 앞에 오는 첫 글자도 대문자로 써야 한답니다.

 Kevin went to America.
케빈이 미국에 갔다.

WRITING PRACTICE

A. 우리 집에 있는 것들의 이름을 써 보세요.

1. 방

2. 거실

3. 주방

4. 욕실

5. 소파

6. 침대

7. 텔레비전

8. 냉장고

B. 다음 문장에서 잘못된 부분을 바르게 고쳐 쓰세요.

9. we went to japan. 우리는 일본에 갔다.

➔

10. eric went to Busan. 에릭이 부산에 갔다.

➔

11. i went to the zoo. 나는 동물원에 갔다.

➔

정답 p.222

03 이름을 대신해 주세요

 내 동생은 그를 좋아한다.
I sister likes he.

내 이름은 Minho(민호)인데, 이런 나의 이름을 대신해서 I(나)라고 할 수 있어요. 이렇게 이름을 대신해서 표현하는 말을 대명사라고 해요. 이름을 대신해서 쓰는 대명사가 ~은, 는, 이, 가의 의미로 쓰이는 경우(주어)와 ~의 의미로 쓰이는 경우(소유격) 또는 ~을, 를의 의미로 쓰이는 경우(목적어)에는 다음과 같이 써요.

~는, 은, 이, 가		~의		~을, 를	
나는	I	나의	my	나를	me
너는	you	너의	your	너를	you
그는	he	그의	his	그를	him
그녀는	she	그녀의	her	그녀를	her
우리는	we	우리의	our	우리를	us
너희는	you	너희의	your	너희를	you
그들은	they	그들의	their	그들을	them
그것은	it	그것의	its	그것을	it

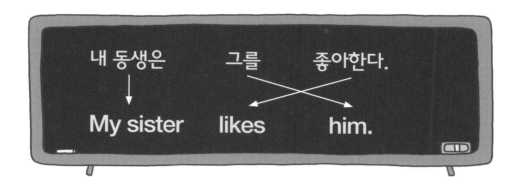

 My sister likes him.

내 동생은 그를 좋아한다.

WRITING PRACTICE

A. 다음 빈칸에 알맞은 말을 써 보세요.

1. 우리 가족은 그것을 좋아한다.

            family likes   .

2. 그의 형은 나를 좋아한다.

            brother likes   .

3. 그들은 그들의 부모님을 좋아한다.

       like   parents.

B. 다음 문장에서 잘못된 부분을 바르게 고쳐 쓰세요.

4. He likes I.   그는 나를 좋아한다.

    ➜

5. I like he cousin.   나는 그의 사촌을 좋아한다.

    ➜

6. He dad likes his.   그의 아빠는 그를 좋아한다.

    ➜

정답 p.222

04 명사를 좀 더 설명하고 싶어요

내 시계는 멋지다.
My watch nice.

우리말로 똑똑한, 예쁜, 큰처럼 ~한, ~하는, ~ㄴ의 형태로 명사의 성질, 모양, 상태를 나타내는 말을 형용사라고 해요. 형용사는 my nice watch(나의 멋진 시계)처럼 명사 앞에 쓰이거나 My watch is nice.(내 시계는 멋지다.)처럼 동사 다음에 쓰여 주어인 명사를 설명해 주는 역할을 해요.

nice(멋진)가 멋지다라는 말이 되려면 nice(멋진)라는 형용사 앞에 ~이다, ~하다의 의미를 갖는 be동사를 써야 해요. be동사(~하다)와 nice(멋진)가 합해져서 멋지다라는 말이 되죠. 이때 be동사는 주어에 따라 바뀌어요. (be동사 변화는 23쪽을 보세요.)

나의(소유격)	멋진(형용사)	시계(명사)
my	nice	watch
내 시계는	멋지다	
	~하다(be동사)	멋진(형용사)
My watch	is	nice

My watch is nice.
내 시계는 멋지다.

WRITING PRACTICE

A. 다음 빈칸에 적절한 말을 아래 보기에서 찾아 써 보세요.

1. 나는 찬물이 있다.

   I have _____ water.

2. 나는 키 큰 형이 있다.

   I have a _____ brother.

3. 나는 멋진 신발이 있다.

   I have _____ shoes.

B. 다음 빈칸에 적절한 말을 아래 보기에서 찾아 써 보세요.

4. 우리 학교는 깨끗하다. ➡ My school is _____ .

5. 우리 아빠는 바쁘시다. ➡ My dad is _____ .

6. 내 동생은 귀엽다. ➡ My sister is _____ .

보기

high, cute, cold, good, busy, nice,
tall, heavy, clean, dirty

정답 p.222

05 정체를 밝혀 주세요

그는 나의 사촌이다.
He am my cousin.

주어가 누구인지 또는 주어의 상태가 어떤지를 나타내려면 ~이다, ~하다라는 말인 be동사를 사용해요. be동사는 주어와 시제에 따라 다양하게 변하기 때문에 신중하게 써야 해요. 그리고 ~이 아니다라고 하려면 be동사 뒤에 not만 붙여 주면 됩니다.

주어	be동사		주어	be동사	
	현재	과거		현재	과거
I	am	was	we		
you	are	were	you	are	were
he/she/it	is	was	they		

그는	나의 사촌이다	
	~이다	나의 사촌
He	is	my cousin
그는	나의 사촌이 아니다	
He	is not	my cousin

또한 be동사는 뒤에 장소를 나타내는 말이 나오면 ~에 있다라는 말도 된답니다.

그는	방 안에 있다	
	~에 있다	방 안에
He	is	in the room

He is my cousin.
그는 나의 사촌이다.

A. 다음 빈칸에 알맞은 말을 써 보세요.

1. 나는 학생이다.

   I   a student.

2. 우리 엄마는 영어 선생님이시다.

   My mom   an English teacher.

3. 그는 나의 삼촌이시다.

   He   my uncle.

B. 다음 우리말을 영어로 써 보세요.

4. 오늘 나는 피곤하다. (피곤한 tired)

   Today I   .

5. 우리 선생님은 친절하시다.

   My teacher   .

6. 그것은 책상 위에 있다. (~위에 on)

   It   .

정답 p.222

06 그녀와 그를 만나면 변하는 말

그는 TV를 본다.

He watch TV.

say(말하다), buy(사다), have(가지고 있다)처럼 주어의 움직임이나 상태를 나타내는 말을 동사라고 해요. 이런 동사가 현재의 일을 나타낼 때는 동사의 원형을 그대로 쓰지만 she(그녀), he(그), it(그것) 그리고 Jane(제인)이나 a bag(가방)처럼 한 사람이나 한 개를 나타내는 말이 주어로 오면 동사의 형태가 변해요. 대부분 동사 뒤에 -s가 오지만, 다음처럼 불규칙하게 변하는 경우도 있어요.

주어가 3인칭 단수일 때의 동사 변화		
일반적인 경우	동사원형 + s	love → loves, run → runs
o, x, ch, sh로 끝나는 경우	동사원형 + es	go → goes, watch → watches, wash → washes
자음 + y로 끝나는 경우	y → ies	study → studies
have	has	have → has

예문에서는 주어가 He, 즉 3인칭 단수이므로 동사 watch를 watches로 해야 해요.

He watches TV.

그는 TV를 본다.

WRITING PRACTICE

A. 괄호 안에 있는 말 중 동사에 어울리는 주어를 찾으세요.

1. (I / Tom) goes to school.

2. (We / My sister) has a cell phone.

3. (My friends / Minsu) play baseball.

B. 빈칸에 동사의 현재형을 쓰세요.

4. 그녀는 TV를 본다. (보다 watch)

   She ＿＿＿＿＿＿＿＿＿＿ TV.

5. 나는 음악을 듣는다. (듣다 listen to)

   I ＿＿＿＿＿＿＿＿＿＿ to music.

6. 그는 대전에 산다. (살다 live)

   He ＿＿＿＿＿＿＿＿＿＿ in Daejeon.

정답 p.222

07 동사를 도와주는 착한 조동사

그는 운전할 수 있다.
He can drives.

운전할 수 있다라고 하려면 drive(운전하다) 동사 하나만 가지고 표현할 수 없어요. ~할 수 있다라는 말을 동사 앞에 써야 하는데, 이렇게 동사를 도와주는 또 하나의 동사를 조동사라고 해요. 이런 조동사에는 will(~할 것이다), can(~할 수 있다), must(~해야 한다) 등이 있어요. 조동사는 주어에 따라 변하지 않고, 뒤에는 항상 동사원형이 와야 해요.

조동사	바꿔 쓸 수 있는 표현	부정문
will	be going to	will not(won't)
can	be able to	cannot(can't)
must	have to	must not(~하면 안 된다) do(es)n't have to(~할 필요가 없다)

예문에서는 주어가 He, 즉 3인칭 단수라고 하더라도 조동사 can이 오기 때문에 동사원형 drive로 써야 해요.

He can drive.
그는 운전할 수 있다.

WRITING PRACTICE

A. 가족이 할 수 있는 일들을 자유롭게 빈칸에 써 보세요.

1. 나는 _____ 할 수 있다.

   I can _____.

2. 우리 엄마는 _____ 할 수 있다.

   My mom _____.

3. 우리 아빠는 _____ 할 수 있다.

   My dad _____.

B. 무슨 일을 할 것인지 자유롭게 빈칸에 써 보세요.

4. 나는 내일 _____ 할 것이다.

   I will _____ tomorrow.

5. 나는 다음 주에 _____ 할 것이다.

   I _____ next week.

6. 나는 내년에 _____ 할 것이다.

   I _____ next year.

정답 p.222

나는 키는 작지만 빨리 달린다.
I am short and run fast.

키는 작지만 달리기를 잘하는 모양이군요. 보통 키가 작으면 달리기도 못할 거라고 생각하는데 말이에요. 그러나, 하지만에 해당하는 말은 and보다는 but을 사용하죠. **I am short but I run fast.**라고 하는 게 좋겠어요. 이렇게 단어와 단어, 구와 구, 문장과 문장을 연결해 주는 말을 접속사라고 해요.

접속사	의미
and	그리고, 그러면
but	그러나, 하지만
or	또는, 그렇지 않으면
so, thus	그래서, 그러므로

예를 들어 '나는 그 가수를 좋아한다. 그래서 그의 콘서트에 가고 싶다'를 영어로 하려면, 그래서라는 so를 사용해서 **I like the singer, so I want to go to his concert.**라고 하면 되죠.

I am short but I run fast.
나는 키는 작지만 빨리 달린다.

30

WRITING PRACTICE

A. 다음 빈칸에 적절한 접속사를 쓰세요.

1. 나는 그를 위한 카드와 카네이션이 필요하다.

   I need a card _____ a carnation for him.

2. 그들은 가난하지만 행복하다.

   They are poor _____ happy.

3. 나는 피자나 치킨을 먹을 것이다.

   I will eat pizza _____ chicken.

B. 다음 우리말을 영어로 써 보세요.

4. 그 가방은 작지만 무겁다. (무거운 heavy)

   ➜

5. 나는 바빠서 그의 파티에 갈 수가 없다. (파티 party)

   ➜

6. 그녀는 예쁘고 똑똑하다. (똑똑한 smart)

   ➜

정답 p.223

09 문장을 더 구체적으로 이야기해요

 나는 피곤할 때 그에게 전화를 한다.

I am tired, I call him.

~할 때, ~하는 동안에, ~하기 때문에 등을 사용하여 문장을 더 구체적으로 이야기하고 싶을 때는 다음과 같은 접속사를 사용하면 돼요. 이런 접속사 다음에는 보통 주어와 동사가 나옵니다.

때	when(~할 때), while(~하는 동안에), as(~하면서), as soon as(~하자마자), until(~할 때까지), since(~한 이후로), after(~한 후에), before(~하기 전에)
이유	because(~하기 때문에)
조건	if(~하면), unless(~하지 않으면)
양보	though(비록 ~할지라도)

'나는 피곤할 때 그에게 전화를 한다'라고 하는 경우, ~할 때를 나타내는 when을 써서 앞뒤 문장을 연결해 주어야 해요. When I am tired, I call him.이라고 하면 되겠네요.

 When I am tired, I call him.
나는 피곤할 때 그에게 전화를 한다.

WRITING PRACTICE

A. 다음 빈칸에 적절한 접속사를 쓰세요.

1. 그가 오자마자 나는 떠날 것이다.

   _____ he comes, I will leave.

2. 비가 오면 집에 머물러 있을 것이다.

   _____ it rains, I will stay home.

3. 나는 아픈데도 불구하고 학교에 갔다.

   _____ I was sick, I went to school.

B. 다음 우리말을 영어로 써 보세요.

4. 나는 지루할 때 컴퓨터 게임을 한다. (지루한 bored)

   → _____

5. 내가 안 바쁘면 나는 그를 도울 것이다.

   → _____

6. 내가 늦었기 때문에 참 미안했다. (늦은 late)

   → _____

정답 p.223

10 어디에 있나요?

강아지가 소파에 있다.
The puppy is the sofa.

무엇이 어디에 있는지 말하기 위해서는 장소를 나타내는 전치사를 사용해서 표현해요. 강아지가 소파에 있다는 것은 소파 위에 있다는 말이므로 ~위에라는 말을 나타내는 전치사 on을 사용하여 on the sofa라고 해야 해요. The puppy is the sofa.라고 하면 강아지가 소파다라는 말이 되므로 장소 앞에 그 장소를 나타내는 전치사를 꼭 써 주어야 어디에 있다는 말이 되죠. 장소를 나타내는 전치사로는 다음과 같은 것들이 있어요.

at	~에(좁은 장소)	in	~에(넓은 장소), ~안에
on	~위에(붙어서)	beneath	~아래(붙어서)
over	~위에(조금 떨어져)	under	~아래(조금 떨어져)
behind	~뒤에	in front of	~앞에
between	~사이에(두 개)	into	~안으로
next to	~옆에	around	~주위에

The puppy is on the sofa.
강아지가 소파에 있다.

A. 다음 빈칸에 적절한 전치사를 쓰세요.

1. 우리 가족은 대전에 산다.

   My family lives _____ Daejeon.

2. 우리는 나무 밑에 있었다.

   We were _____ the tree.

3. 나는 진수와 민희 사이에 있었다.

   I was _____ Jinsu and Minhui.

B. 다음 우리말을 영어로 써 보세요.

4. 강아지가 커튼 뒤에 있었다. (커튼 curtain)

   ➜ _____

5. 그가 내 옆에 있었다.

   ➜ _____

6. 나는 인천에 있는 공항에 갔다. (공항 airport)

   ➜ _____

정답 p.223

11 때를 나타낼 때는?

 나는 일요일에 교회에 간다.
I go to church Sunday.

9시에, 아침에, 일요일에, 겨울에처럼 때를 나타낼 때는 시간을 나타내는 전치사를 사용해요. 시간 전치사는 우리말로 ~에에 해당하는 말이죠. 이런 시간 전치사로는 **at, on, in**이 많이 사용되는데 다음을 보고 잘 구분해서 사용하세요.

at	시각	at nine o'clock	9시에
	밤, 새벽	at night, at dawn	밤에, 새벽에
on	요일, 날짜	on Monday, on May 5	월요일에, 5월 5일에
	특정한 날	on my birthday	내 생일에
in	달, 연도	in October, in 2008	10월에, 2008년에
	아침, 점심, 저녁	in the morning	아침에
before	~전에	before the vacation	방학 전에
after	~후에	after lunch	점심식사 후에
for	~동안(숫자표기)	for 3 days	3일 동안
during	~동안(특정기간)	during summer	여름 동안

 I go to church on Sunday.
나는 일요일에 교회에 간다.

36

WRITING PRACTICE

A. 다음 빈칸에 적절한 전치사를 쓰세요.

1. 나는 일요일에는 9시에 일어난다.

   I get up _____ nine _____ Sunday.

2. 우리 가족은 겨울에 스키 타러 간다.

   My family goes skiing _____ winter.

3. 나는 방학 동안에 영어를 공부했다.

   I studied English _____ the vacation.

B. 다음 우리말을 영어로 써 보세요.

4. 나는 5시 전에 돌아왔다. (돌아오다 come back)

   ➡ _____

5. 나는 12월에 미국에 갈 것이다. (12월 December)

   ➡ _____

6. 나는 세 시간 동안 그 책을 읽었다. (시간 hour)

   ➡ _____

정답 p.223

지금까지 배운 내용들을 바탕으로 우리 친구 아란이가 그림일기를 썼어요.

나는 영어를 좋아해요

5월 12일, 월요일, 날씨 맑음

나는 영어를 좋아해요. 우리 엄마께서도 영어를 좋아하셔요. 저는 영어가
재미있어요. 내가 영어를 들을 때 엄마는 영어 책을 읽으세요. 내 가방에는
항상 영어 책이 있어요. 나는 곧 영어로 말을 잘 할 수 있을 거예요.

빈칸을 채워서 아란이의 그림일기를 영어로 완성해 보세요.

I _____ English.

My mom _____ English, too.

English _____ interesting for me.

_____ I listen to English, my mom reads English books.

I always _____ English books in my bag.

I _____ be able to speak in English soon.

정답 p.223

English 영어 | too 역시 | interesting 재미있는 | listen to ～을 듣다 | read 읽다
always 언제나 | bag 가방 | be able to ～할 수 있다 | speak 말하다 | soon 곧

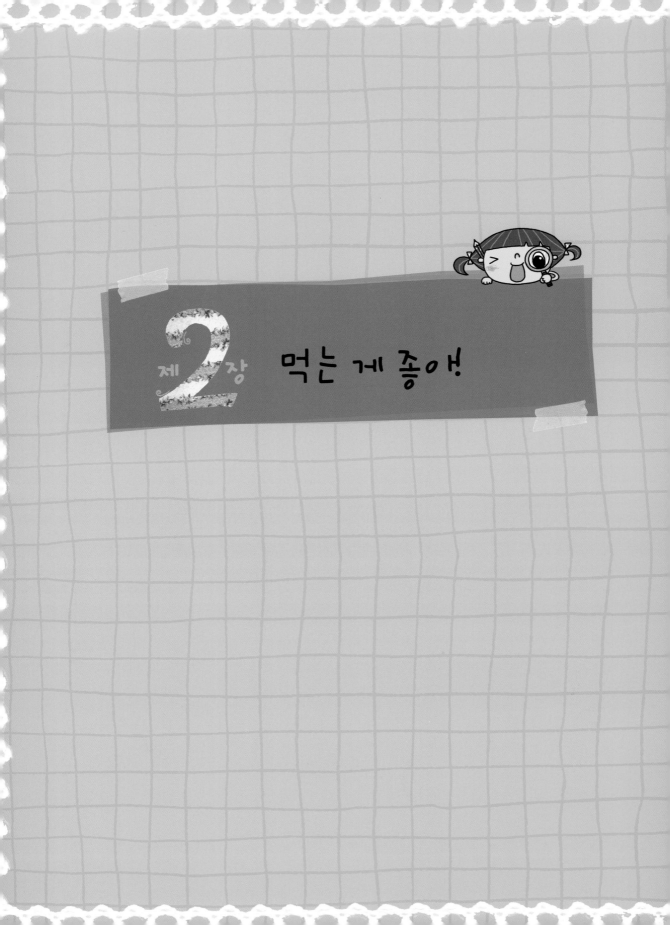

제 2 장 　먹는 게 좋아!

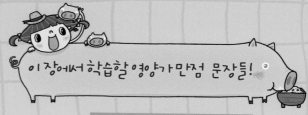

이 장에서 학습할 영양가 만점 문장들!

12 My mom is a cook.

13 I want to eat the apple.

14 I ate the pizza.

15 I am going to eat like a bird.

16 I don't like carrots.

17 We bought apples.

18 I drank two glasses of water.

19 I skipped dinner.

20 I ate pork cutlets for dinner.

21 My stomach was growling.

22 The food was really hot.

12 우리말에 없는 말

우리 엄마는 요리사다.
My mom is a cooker.

엄마가 요리를 잘하시는 모양이에요. 그런데 요리를 하는 사람은 cooker라고 하지 않고 cook이라고 해요. cooker는 냄비나 프라이팬 같은 요리 도구를 나타내는 말이거든요. 그리고 우리 엄마는 요리사다라고 하려면 My mom is a cook.이라고 해야 하는데 a가 뭘까요? 이게 바로 우리말에 없는 관사라는 것이에요. 부정관사라고 하는 a/an은 여러 개 중에 막연한 하나를 나타낼 때 쓰는 말인데 때로는 우리말로 해석되지 않죠. an은 다음에 오는 단어가 a, e, i, o, u로 발음될 때 써요.

이 세상에는 많은 요리사들이 있는데 우리 엄마는 그 요리사 중 한 사람이기 때문에 cook(요리사) 앞에 a를 꼭 써 주어야 해요. a(an)는 하나를 나타내는 말이므로 단수명사 앞에만 쓰인다는 것에 주의하세요. 그럼 우리 아빠는 아나운서다라고 해 보세요. 그래요. My dad is an announcer.라고 하면 돼요.

우리 엄마는 요리사다.

WRITING PRACTICE

A. 다음 문장의 틀린 부분을 고쳐 써 보세요.

1. My uncle is reporter. 우리 삼촌은 기자다. (기자 reporter)

   ➜

2. We are a students. 우리는 학생들이다.

   ➜

3. I read an comic book. 나는 만화책 한 권을 읽었다.

   ➜

B. 다음 우리말을 영어로 써 보세요.

4. 우리 엄마는 영어 선생님이다. (영어 선생님 English teacher)

   ➜

5. 나는 사과 하나를 가지고 있다.

   ➜

6. 나는 강아지 한 마리가 있다.

   ➜

정답 p.223

13 정해진 바로 그것

 그 사과가 먹고 싶다.
I want to eat an apple.

앞에서 말했듯이 막연한 하나를 나타낼 때는 명사 앞에 a(an)를 쓰죠? 그런데 이미 정해져 있는 것이나 서로 알고 있는 것을 나타낼 때는 the라는 정관사를 사용해요. the는 그 ~라고 해석이 되기도 하지만 서로 알고 있는 것을 이야기할 때는 우리말로 해석이 되지 않아요. 나는 사과 하나가 있는데, 그 사과를 먹고 싶다라는 말을 영어로 해 보면 이해가 될 거예요. I have an apple, and I want to eat the apple.이라고 해요. 내가 가지고 있는 그 사과, 즉 정해져 있는 그 사과가 먹고 싶다는 것이므로 the apple이라고 하죠. 우리 엄마가 주방에 계신다고 상대방에게 말할 경우에는 나와 상대방이 알고 있는 주방에 대한 이야기이므로 kitchen 앞에 the를 써서 My mom is in the kitchen.이라고 하면 되죠.

 ## I want to eat the apple.
그 사과가 먹고 싶다.

WRITING PRACTICE

A. 다음 문장의 빈칸에 적절한 말을 쓰세요.

1. 나는 그 음식을 싫어한다. (싫어하다 hate)

   I hate _____ food.

2. 엄마가 그 피자를 만드셨다.

   My mom made _____ pizza.

3. 나는 그 과일을 좋아한다.

   I like _____ fruit.

B. 다음 우리말을 영어로 써 보세요.

4. 내가 그 음식을 준비했다. (준비하다 prepare)

   → _____

5. 내가 식탁을 닦는다. (닦다 wipe)

   → _____

6. 나는 주방에서 엄마를 돕는다. (돕다 help)

   → _____

정답 p.223

14 그건 지난 일

내가 그 피자를 먹었다.
I eat the pizza.

식탁 위에 피자가 있기에 아무 생각 없이 먹었더니 아껴둔 피자를 누가 먹었냐고 동생이 난리가 났어요. 할 수 없이 내가 먹었다고 고백을 했어요. 이때 **I eat the pizza.**라고 하면 안돼요. 지난 일은 동사를 과거로 써야 해요. 일반동사의 과거형은 대부분 동사 뒤에 **-ed**를 붙이지만 다음처럼 불규칙하게 변하는 경우도 있어요.

e로 끝나는 동사	d만 붙인다	like → liked, love → loved
'단모음＋단자음'으로 끝나는 동사	자음을 한 번 더 쓰고 ed를 붙인다	stop → stopped, plan → planned
'자음＋y'로 끝나는 동사	y → ied	study → studied, cry → cried
불규칙으로 변하는 동사	have → had, do → did, eat → ate, go → went, come → came, make → made, give → gave, drink → drank, see → saw, say → said, meet → met, run → ran, buy → bought, say → said, tell → told, sing → sang, write → wrote	

I ate the pizza.
내가 그 피자를 먹었다.

WRITING PRACTICE

A. 다음 문장의 빈칸에 적절한 과거형을 쓰세요.

1. 나는 물을 조금 마셨다. (drink)

   I _____ some water.

2. 나는 아침을 급하게 먹었다. (have)

   I _____ breakfast in a hurry.

3. 나는 점심으로 프라이드치킨을 먹었다. (eat)

   I _____ fried chicken for lunch.

B. 다음 우리말을 영어로 써 보세요.

4. 우리가 저녁을 요리했다. (요리하다 cook)

   ➔ _____

5. 우리는 스파게티를 만들었다. (스파게티 spaghetti)

   ➔ _____

6. 오늘은 내가 설거지를 했다. (설거지하다 do the dishes)

   ➔ _____

정답 p.224

15 앞으로 할 일

나는 이제 조금씩 먹을 거다.

I will eat a little.

먹고 싶은 대로 다 먹었더니 살찌는 소리가 들리죠? 이제 좀 조금씩 먹도록 해야겠네요. 이렇게 앞으로 할 일을 말하고 싶을 때는 조동사 will 다음에 동사원형을 써서 나타내면 돼요. 이미 예정된 일이나 가까운 미래에 할 일은 'be going to+동사원형'으로 쓰세요. 지금 막 어떤 일을 하려던 참이었다고 한다면 'be about to+동사원형'으로 표현하면 되고요. 그리고 조금씩 먹는다, 즉 소식한다는 말은 eat like a bird라고 해요. 새처럼 조금씩 먹는다는 표현이에요. 이제 조금씩 먹을 것이라고 계획된 일이므로 I am going to eat like a bird.라고 하면 좋겠네요.

~할 것이다	will + 동사원형
~할 예정이다	be going to + 동사원형
막 ~하려고 하던 참이다	be about to + 동사원형

I am going to eat like a bird.
나는 이제 조금씩 먹을 거다.

WRITING PRACTICE

A. 다음 문장의 빈칸에 적절한 말을 쓰세요.

1. 그가 상을 차릴 것이다.

    He _____ set the table.

2. 나는 이제 규칙적으로 먹을 것이다.

    I _____ _____ _____ eat regularly.

3. 내가 막 저녁을 먹으려던 참이었다.

    I _____ _____ _____ have dinner.

B. 다음 우리말을 영어로 써 보세요.

4. 우리 가족은 외식을 할 것이다. (외식하다 eat out)

    ➔ _____

5. 나는 비프 스테이크를 주문할 예정이다. (주문하다 order 비프 스테이크 beef steak)

    ➔ _____

6. 막 후식을 먹으려던 참이었다. (후식 dessert)

    ➔ _____

정답 p.224

16 그렇지 않다고 말하기

나는 당근을 좋아하지 않는다.
I like not carrots.

~이다인 be동사의 부정문은 be동사 다음에 **not**을 쓰면 되죠. 하지만 **like** 같은 일반동사의 부정문은 **like not**이라고 하지 않고 **do**동사를 사용하여 ~하지 않다라고 표현해야 해요. 일반동사의 부정문은 **do**동사로 다음과 같이 나타내야 합니다.

현재	주어가 1, 2인칭 단수나 복수인 경우	do not(don't) + 동사원형
	주어가 3인칭 단수인 경우	does not(doesn't) + 동사원형
과거	주어와 상관없이	did not(didn't) + 동사원형
미래		will not(won't) + 동사원형

현재일 경우는 주어가 3인칭 단수일 때 **doesn't**로 써 주어야 해요. 또한 부정을 나타내는 **don't, doesn't, didn't** 다음에는 꼭 동사원형이 와야 한다는 것에도 주의하세요.

I don't like carrots.
나는 당근을 좋아하지 않는다.

WRITING PRACTICE

A. 다음 문장의 빈칸에 적절한 말을 쓰세요.

1. 나는 신 과일을 좋아하지 않는다.

   I _____ like sour fruits.

2. 나는 매운 음식을 원하지 않았다.

   I _____ want hot food.

3. 그는 짠 음식은 먹지 않는다.

   He _____ salty food.

B. 다음 우리말을 영어로 써 보세요.

4. 나는 생선을 좋아하지 않는다. (생선 fish)

   ➡ _____

5. 나는 음식에 까다롭지 않다. (~에 까다로운 picky about ~)

   ➡ _____

6. 나는 정크푸드를 먹지 않을 것이다. (정크푸드 junk food)

   ➡ _____

* 정크푸드 : 열량은 높지만 영양가는 낮은 패스트푸드·인스턴트식품의 총칭.

정답 p.224

17 한 개인지, 여러 개인지 구분하기

우리는 사과를 샀다.
We bought apple.

우리말로는 그냥 사과를 샀다라고 하면 되지만, 영어에서는 **We bought apple.**이라고 하면 틀린 문장이에요. 영어로 말할 때는 사과처럼 셀 수 있는 명사는 한 개인지 여러 개인지 구분해서 말해야 해요. 한 개를 샀다면 **We bought an apple.**이라고 하고 두 개 이상을 샀다면 **We bought apples.**라고 복수로 해야 돼요. 명사가 여러 개일 경우 복수형을 써야 하는데 보통 명사 뒤에 **-s**를 붙여서 표현하지만, 다음처럼 다르게 바뀌는 경우도 있어요.

s, ch, sh, x, o로 끝나는 명사	-es를 붙인다	bus → buses, watch → watches, box → boxes, potato → potatoes
f, fe로 끝나는 명사	f → ves	knife → knives, leaf → leaves
'자음＋y'로 끝나는 명사	y → ies	candy → candies, puppy → puppies
복수형이 완전히 다른 경우		child → children, tooth → teeth, foot → feet, goose → geese, man → men, woman → women

We bought apples.
우리는 사과를 샀다.

WRITING PRACTICE

A. 다음 문장의 잘못된 부분을 고쳐 써 보세요.

1. I boiled some egg. 나는 달걀을 몇 개 삶았다.

   ➡

2. I washed a potatoes. 나는 감자 하나를 씻었다.

   ➡

3. I ate a lot of cookie. 나는 쿠키를 많이 먹었다.

   ➡

B. 다음 우리말을 영어로 써 보세요.

4. 내가 컵을 하나 깼다. (깨다 break)

   ➡

5. 오렌지 몇 개를 먹었다.

   ➡

6. 나는 조리법을 많이 안다. (조리법 recipe)

   ➡

정답 p.224

18 이게 왜 셀 수 없어?

나는 물 두 잔을 마셨다.
I drank two waters.

빵 하나를 영어로 **a bread**라고 하지 않아요. 빵이나 물처럼 일정한 형태가 없거나, 나누어도 크기만 다르고 같은 형태인 것들을 물질명사라고 해요. 이런 물질명사는 셀 수 없는 명사로 명사를 셀 때는 그것을 담는 그릇이나 세는 단위를 사용해서 나타내요. 물 한 잔은 **a glass of water**라고 하고 물 두 잔은 세는 단위를 복수로 하여 **two glasses of water**라고 해야 해요. **water**처럼 물질명사는 **s**를 붙여 복수로 쓸 수 없다는 것에 주의하세요.

그릇 단위	잔	a glass of milk / juice / water
	병	a bottle of milk / water
	컵	a cup of coffee
형태 단위	덩어리	a loaf of bread / a cake of soap
	조각	a piece of cake / chalk / paper
	얇은 조각	a slice of cheese / ham / toast
계량 단위	스푼	a spoonful of sugar / salt
	무게	a pound of meat / butter
	줌(주먹)	a handful of sand

I drank two glasses of water.
나는 물 두 잔을 마셨다.

WRITING PRACTICE

A. 알맞은 단위를 연결해 보세요.

1. a piece of   •   • bread

2. a spoonful of •   • paper

3. a loaf of   •   • cheese

4. a slice of   •   • juice

5. a glass of   •   • sugar

B. 다음 그림을 보고 빈칸에 적절한 말을 쓰세요.

6. I needed two _____ of water.

7. I ate _____ _____ of cake.

8. I brought _____ _____ paper.

19 식사 이름은 have하자

저녁을 안 먹었다.
I didn't eat the dinner.

아침식사는 breakfast, 점심식사는 lunch, 저녁식사는 dinner라고 해요. 보통 아침을 먹었다라고 할 때 eat보다는 have를 사용해요. have는 다음에 식사 이름이 나오면 먹다라는 의미가 되거든요. eat 다음에는 구체적으로 먹는 것이 나오고, 식사 이름 앞에는 have를 쓰는 게 좋아요. 그리고 식사 이름 앞에는 정관사 the를 붙이지 않는다는 것에 주의하세요. 식사 이름 앞에 형용사가 올 경우는 a를 붙여서 I had a heavy dinner.(나는 저녁을 많이 먹었다.)처럼 사용해요. 식사를 먹지 않고 거르는 경우는 동사 skip(거르다)을 사용할 수 있어요. I skipped dinner.라고 하면 저녁을 먹지 않았다는 말이 되죠.

아침을 먹다			breakfast
점심을 먹다	have	the(×)	lunch
저녁을 먹다			dinner
아침을 거르다	skip		breakfast
점심을 많이 먹다	have	a	heavy lunch
저녁을 조금 먹다	have	a	light dinner

I skipped dinner.
저녁을 안 먹었다.

WRITING PRACTICE

A. 다음 우리말을 영어로 써 보세요.

1. 우리 가족은 7시에 아침을 먹는다.

→

2. 나는 아침을 거르지 않는다.

→

3. 가볍게 저녁식사를 했다.

→

B. 다음 문장에서 잘못된 부분을 고쳐 써 보세요.

4. I have the lunch at the school cafeteria. 나는 학교 식당에서 점심을 먹는다.

→

5. He doesn't skip breakfast every day. 그는 매일 아침을 안 먹는다.

→

6. I had heavy dinner. 나는 저녁식사를 많이 했다.

→

정답 p.224

20 이름을 제대로 알고 먹자

 저녁으로 돈가스를 먹었다.
I ate pork gas for dinner.

돈가스는 돼지고기에 옷을 입혀 튀긴 음식이죠. 돈(豚)은 한자어로 돼지고기를 의미하는 것이고 가스는 **cutlet**의 잘못된 발음으로 만들어진 우리식 이름이에요. 돈가스를 영어로는 **pork cutlet**이라고 해야 돼요. 다음은 우리가 잘못 알고 쓰는 음식 이름들이에요.

돈가스	pork gas	pork cutlet
비프가스	beef gas	beef cutlet
계란 프라이	egg fry	fried egg
오므라이스	omelet rice	omelet over rice
카레라이스	curry rice	curry and rice
감자튀김	potato	french fries
아이스 캔디	ice candy	popsicle
아이스 커피	ice coffee	iced coffee
카스테라	castera	sponge cake
커피 프림	coffee prim	cream

 ## I ate pork cutlets for dinner.
저녁으로 돈가스를 먹었다.

A. 다음 문장의 어색한 부분을 고쳐 써 보세요.

1. I wanted to eat beef gas. 나는 비프가스가 먹고 싶었다.

   ➜

2. I ate curry rice for lunch. 점심으로 카레라이스를 먹었다.

   ➜

3. I eat egg fry for breakfast. 나는 아침으로 계란 프라이를 먹는다.

   ➜

B. 다음 우리말을 영어로 써 보세요.

4. 나는 카스테라를 좋아한다.

   ➜

5. 나는 감자튀김을 먹었다.

   ➜

6. 나는 오므라이스를 주문했다.

   ➜

정답 p.224

21 식사 전 후의 표현들

배가 꼬르륵 소리를 냈다.
My stomach did a sound.

배가 고프면 배에서 꼬르륵 소리도 나고 맛있는 음식 냄새가 나면 군침도 돌고 그러는데, 그런 표현들을 영어로는 어떻게 해야 할까요? 배가 고파서 꼬르륵거리는 것은 으르렁거리다 라는 의미의 동사 growl을 사용하여 **My stomach was growling.**이라고 해요. 다음은 식사 전에 또는 식사 후에 많이 사용되는 표현들이에요.

식사 전	식욕이 없었다.	I had no appetite.
	맛있는 냄새가 났다.	It smelled tasty.
	군침이 돌았다.	My mouth was watering.
	배가 매우 고팠다.	I was very hungry.
식사 후	식사를 맛있게 했다.	I enjoyed the meal.
	음식을 다 먹어 치웠다.	I ate up all the food.
	배가 불렀다.	I was full.
	과식했다.	I overate.

My stomach was growling.
배가 꼬르륵 소리를 냈다.

A. 다음 문장의 빈칸에 들어갈 적절한 말을 써 보세요.

1. 배가 꼬르륵거렸다.

   My stomach was   .

2. 군침이 돌았다.

   My mouth was   .

3. 달콤한 냄새가 났다.

   It   sweet.

B. 다음 우리말을 영어로 써 보세요.

4. 나는 배가 무척 고팠다.

   ➡

5. 음식을 다 먹어 치웠다.

   ➡

6. 배가 불렀다.

   ➡

정답 p.224

22 매운 것은 음식이죠

정말 매웠다.
I was really hot.

스트레스를 많이 받을 때는 매운 음식을 먹으면 좋다고 하던데, 너무 매우면 안 되겠죠? I was really hot.이라고 한 걸 보니 맵긴 매웠나 본데, I가 매웠나요? 매운 것은 음식이죠. 그러니 The food was really hot. 또는 It was really hot.이라고 해야 돼요. 음식에 관한 이야기를 나누지 않는 평상시에 It was really hot.이라고 하면 정말 날씨가 더웠다는 의미가 되기도 해요. I was hot with fever.라고 하면 열이 나서 몸이 뜨거웠다라는 말이에요.

그 음식이 정말 매웠다.	The food was really hot.
어제는 날씨가 정말 더웠다.	It was really hot yesterday.
열이 나서 몸이 뜨거웠다.	I was hot with fever.

The food was really hot.
정말 매웠다.

62

WRITING PRACTICE

A. 다음 문장의 빈칸에 들어갈 적절한 말을 고르세요.

1.

(I / It) is very hot.

2.

(I / It) is really hot.

3.

(I / It) was hot with fever.

B. 다음 우리말을 영어로 써 보세요.

4. 그 음식은 정말 맛있었다. (맛있는 delicious)

➜

5. 아침에 정말 더웠다.

➜

6. 감기로 몸이 뜨거웠다. (감기 cold)

➜

정답 p.225

지금까지 배운 내용들을 바탕으로 우리 친구 아란이가 그림일기를 썼어요.

먹는 게 좋아!

5월 27일, 화요일, 날씨 흐림

아침에 아침을 먹지 않았어요. 배가 너무 고파서 뭐라도 먹고 싶었어요. 물 두 컵을 마셨어요. 식탁 위에 있는 당근을 발견했어요. 나는 당근을 좋아하지 않지만, 그 당근을 먹고 싶었어요. 정말 맛이 좋았어요. 이제는 아침을 건너뛰지 않을 거예요.

I didn't _____ breakfast in the morning.

I was hungry, so I _____ _____ eat anything.

I drank _____ _____ of water.

I found some _____ on the table.

I don't like carrots, but I wanted to eat _____ carrots.

They were so _____.

I will not _____ breakfast.

정답 p.225

ABC

hungry 배고픈 | drank 마셨다(drink의 과거) | glass 컵 | anything 무엇이든(긍정문)
found ~을 찾았다(find의 과거) | carrot 당근 | delicious 맛있는 | skip 건너뛰다

제 3 장

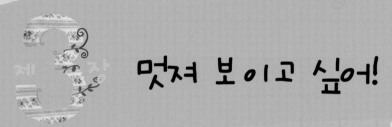

멋져 보이고 싶어!

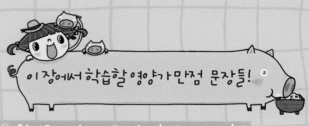

이 장에서 학습할 영양가만점 문장들!

23 It is not easy to lose weight.

24 I wanted to look nice.

25 I have freckles all over my face.

26 I have a big nose.

27 I have long hair.

28 She has fair skin.

29 I had my hair cut.

30 He is as short as I

31 He looks more stylish than I

32 I think I am the prettiest in my class.

33 I wanted to wear earrings.

23 이럴 때 가짜 주어를 사용하세요

살 빼는 것은 쉬운 일이 아니다.
Lose weight is not easy.

보통 사람들이 살찌기는 쉽고 살 빼는 것은 어렵다고들 하는데 정말 그런가요? ~하는 것, ~하기라는 표현은 'to+동사원형'을 사용해요. 살 빼는 것은 to lose weight, 살찌는 것은 to gain weight라고 하면 돼요. 살 빼는 것은 쉬운 일이 아니다는 To lose weight is not easy. 라고 할 수도 있지만, to부정사가 주어로 오면 주어가 길어지므로 이때는 가짜 주어, 즉 가주어 it을 주어로 놓고 진주어가 되는 to부정사는 뒤에 써서 It is not easy to lose weight. 라고 해요. 살찌기는 쉽다고 하려면 It is easy to gain weight.라고 하면 되겠죠?

~하는 것, ~하기	to + 동사원형
살 빼는 것, 살 빼기	to lose weight
살 빼는 것은 쉽지 않다.	To lose weight is not easy.
가주어, 진주어 사용	It is not easy to lose weight.

It is not easy to lose weight.

살 빼는 것은 쉬운 일이 아니다.

A. 다음 문장을 가주어, 진주어를 사용하여 바꿔 보세요.

1. To exercise every day is not easy.　매일 운동하는 것은 쉬운 일이 아니다.

→

2. To skip dinner is not good.　저녁을 거르는 일은 좋지 않다.

→

3. To have breakfast early in the morning was difficult.
아침 일찍 식사하는 것이 어려웠다.

→

B. 다음 우리말을 영어로 써 보세요.

4. 아침을 거르는 일은 좋지 않다.

→

5. 살을 빼는 것이 항상 좋은 것만은 아니다. (항상 always 살 빼다 lose weight)

→

6. 다이어트하는 것이 쉬운 일은 아니다. (다이어트하다 go on a diet)

→

정답 p.225

24 부사를 써야 할 것 같죠?

 나는 멋져 보이고 싶었다.
I wanted to look nicely.

동사 look은 뒤에 오는 말에 따라 의미가 달라져요. 제일 기본적으로 많이 쓰이는 표현이 look at으로 ~를 보다라는 의미죠. 그런데 look 다음에 형용사가 오면 ~하게 보이다라는 말이 돼요. 주의할 것은 우리말로는 ~하게라고 해석되지만 형용사를 써야 한다는 것이에요. 멋지게 보이다라고 하려면 look nicely가 아니라 look nice라고 해야 해요. 다음은 다양하게 쓰이는 look과 관련된 표현이에요.

look at + 명사	~를 보다
look for + 명사	~를 찾아보다
look after + 명사	~를 돌보다
look like + 명사	~처럼 보이다
look + 형용사	~하게 보이다

 ## I wanted to look nice.
나는 멋져 보이고 싶었다.

70

A. 다음 문장에서 잘못된 부분을 고쳐 써 보세요.

1. Today he looked kindly. 그는 오늘 친절하게 보였다.
   ➜

2. She looks slimly. 그녀는 날씬해 보인다. (날씬한 slim)
   ➜

3. I want to look smartly. 나는 똑똑하게 보이고 싶다.
   ➜

B. 다음 우리말을 영어로 써 보세요.

4. 그 아기는 인형처럼 보였다. (인형 doll)
   ➜

5. 그 아기는 예뻐 보였다. (예쁜 pretty)
   ➜

6. 내가 그 아기를 돌보았다.
   ➜

정답 p.225

25 없어도 되는 것까지 가지고 있어요

얼굴이 주근깨투성이다.
My face is many freckles.

얼굴에 있는 주근깨나 여드름 또는 점을 영어로는 뭐라고 할까요? 주근깨는 freckle, 여드름은 pimple 또는 acne, 점은 mole이라고 해요. 이런 것들이 얼굴에 났을 경우는 I have ~ 를 사용해서 나타내요. 얼굴에 점이 있으면 I have a mole on my face. 얼굴에 여드름이 있다고 하려면 I have pimples on my face. 얼굴이 주근깨투성이라고 하고 싶으면 얼굴 전체에 주근깨가 있다는 말이므로 I have freckles all over my face.라고 하면 되죠.

얼굴에 점이 하나 있다.		a mole on my face.
얼굴에 여드름이 있다.		pimples on my face.
얼굴이 주근깨투성이다.	I have	freckles all over my face.
볼에 뾰루지가 났다.		a rash on my cheek.
이마에 종기가 났다.		a boil on my forehead.
얼굴에 상처가 있다.		a scar on my face.

I have freckles all over my face.
얼굴이 주근깨투성이다.

WRITING PRACTICE

A. 다음 문장의 빈칸에 들어갈 적절한 말을 쓰세요.

1. 나는 얼굴에 점이 두 개 있다.

　　　　　　　　　　　　　　 two moles on my face.

2. 나는 얼굴에 여드름이 많다. (많은 a lot of)

　　　　　　　　　　 a lot of 　　　　　　 on my face.

3. 나는 볼에 상처가 하나 있다.

　　　　　　　　　　 a scar on my 　　　　　　 .

B. 다음 우리말을 영어로 써 보세요.

4. 그녀는 얼굴이 주근깨투성이다.

　➡

5. 나는 이마에 여드름이 났다.

　➡

6. 볼에 뾰루지가 하나 있다.

　➡

정답 p.225

26 높은 코가 high nose일까요?

나는 코가 높다.
I have a high nose.

우리말로는 코를 낮다거나 높다고 하죠. 그러면 영어로 낮은 코를 low nose, 높은 코를 high nose라고 할까요? 아니요. 코가 낮으면 납작한의 의미를 갖는 flat을 사용하여 I have a flat nose.라고 하고, 높다는 표현도 high를 쓰지 않고 big을 사용하여 I have a big nose.라고 해요. 또는 be동사를 사용하여 My nose is flat. 또는 My nose is big.이라고도 하죠.

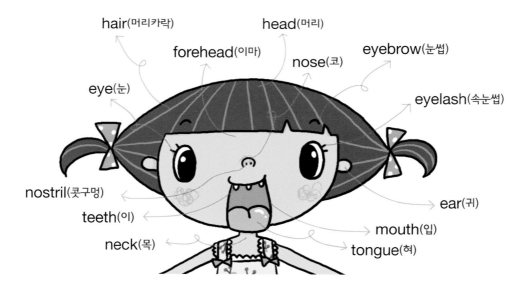

hair(머리카락) head(머리)
forehead(이마) eyebrow(눈썹)
nose(코)
eye(눈) eyelash(속눈썹)
nostril(콧구멍)
teeth(이) ear(귀)
mouth(입)
neck(목) tongue(혀)

I have a big nose.
나는 코가 높다.

74

WRITING PRACTICE

A. 다음 그림의 각 부위를 영어로 써 보세요.

1.

2.

3.

4.

5.

B. 다음 우리말을 영어로 써 보세요.

6. 나는 코가 납작하다.

→

7. 나는 코가 높으면 좋겠다. (~하면 좋겠다 wish to ~)

→

8. 나는 나의 납작한 코가 마음에 든다. (마음에 든다 like)

→

정답 p.225

27 외모 표현은 have로 할 수 있어요

나는 머리가 길다.
I am long hair.

외모에 대한 이야기를 할 때 **I am long hair.**라고 하면 나는 긴 머리다라는 의미로 어색한 표현이 돼요. 머리가 길다고 할 때는 be동사를 사용하여 **My hair is long.**이라고 해도 되지만, have 동사를 사용하여 **I have long hair.**라고 하는 것이 좋아요. 이처럼 외모에 관한 표현들은 대부분 **have**를 사용할 수 있어요. 다음은 **have**를 사용한 외모 표현들이에요.

입술이 두껍다 / 얇다.		thick / thin lips.
다리가 길다 / 짧다.		long / short legs.
치아가 고르다.		straight teeth.
눈이 크다 / 작다.	I have	large / small eyes.
쌍꺼풀이 있다.		double eyelids.
머리가 짧다.		short hair.
머리가 갈색이다.		brown hair.
단발머리를 하고 있다.		a bob cut.

I have long hair.
나는 머리가 길다.

76

WRITING PRACTICE

A. 자신의 외모를 영어로 써 보세요.

1. 나는 눈이 _____ .

   ➡ _____

2. 나는 머리가 _____ .

   ➡ _____

3. 나는 다리가 _____ .

   ➡ _____

B. 다음 우리말을 영어로 써 보세요.

4. 그녀는 단발머리를 하고 있다.

   ➡ _____

5. 나는 머리가 길면 좋겠다.

   ➡ _____

6. 나는 다리가 길면 좋겠다.

   ➡ _____

정답 p.226

그녀는 피부가 하얗다.
She has white skin.

사람들이 그 아이를 보고 피부가 하얗다고 부러워해요. 피부가 하얗다는 She has white skin.이라고 하지 않아요. 피부가 하얀색이면 얼마나 이상하겠어요? 피부가 하얗다는 것은 피부가 깨끗하고 좋다는 말이겠지요. 따라서 이럴 땐 fair를 써서 She has fair skin. 또는 Her skin is fair.라고 해요. 그리고 또 피부가 검다고 해서 She has black skin.이라고 하지 않아요. 그냥 She has dark skin. 또는 Her skin is dark.라고 하죠. 그냥 She is white.라고 하면 그녀는 백인이라는 뜻이 돼요. She is black.이라고 하면 그녀는 흑인이라는 말이 되고요. 그러니 주의하여 사용해야겠죠?

나는 피부가 하얗다.	I have fair skin.
	My skin is fair.
나는 피부가 검다.	I have dark skin.
	My skin is dark.

She has fair skin.
그녀는 피부가 하얗다.

A. 다음의 빈칸에 적절한 말을 써 보세요.

1. 나는 피부가 하얗다.

   I have   .

2. 우리 가족은 다 피부가 검다.

   All my family have   .

3. 그는 피부가 정말 깨끗하다.

   His skin   .

B. 다음 우리말을 영어로 써 보세요.

4. 나는 피부가 깨끗하면 좋겠다.

   ➡

5. 나는 그녀의 하얀 피부가 부럽다. (부럽다 envy)

   ➡

6. 나는 피부가 너무 검다. (너무 too)

   ➡

정답 p.226

머리를 깎았다.
I cut my hair.

머리를 깎았다고 할 때 **I cut my hair.**라고 하면 내가 내 머리를 깎았다는 말이 돼요. 보통 미용실에 가서 미용사에게 머리를 깎아 달라고 해서 자르는 경우가 대부분이죠? 그래서 남에게 해 달라고 한 서비스를 표현할 때는 다른 사람에게 일을 시킨다라는 의미를 갖는 사역동사 have를 사용하여 표현해요. 'have+사람+동사원형'은 ~에게 ~하도록 시키다라는 말이 되고 'have+사물+과거분사'는 ~가 ~되도록 시키다라는 문장이 돼요. 머리를 깎았다는 머리가 깎아지도록 시켜서 받은 일이므로 **I had my hair cut.**이라고 하면 돼요. 또는 간단히 **I got my haircut.**이라고 할 수도 있어요.

내가 내 머리를 깎았다.	I cut my hair.
(다른 사람에게서) 머리를 깎았다.	I had my hair cut.
	I got my haircut.

I had my hair cut.
머리를 깎았다.

A. 다음의 빈칸에 적절한 말을 써 보세요.

1. 나는 머리를 깎았다.

   I had   .

2. 머리를 깎고 싶지 않다.

   I don't want to get   .

3. 머리를 짧게 깎았다.

   I   cut short.

B. 다음 우리말을 영어로 써 보세요.

4. 나는 머리를 깎아야 한다. (~해야 한다 have to)

   ➡

5. 나는 머리를 깎지 않았다.

   ➡

6. 나는 머리를 짧게 깎는 것이 정말 싫다. (싫다 hate)

   ➡

정답 p.226

30 끼리끼리 비교

그는 나만큼 키가 작다.
He is short as I.

그는 나만큼 키가 작다거나 그가 나만큼 빠르다처럼 ~만큼 ~하다라는 표현은 'as+형용사/부사+as'의 형태로 나타내면 돼요. 그가 나만큼 키가 작다고 하려면 He is as short as I. 그가 나만큼 빠르다는 말은 He is as fast as I.라고 하면 되죠. 반대로 ~만큼 ~하지 않다는 'not so(또는 as)+형용사/부사+as'로 표현해요. 그는 나만큼 빠르지 않다는 말은 He is not so fast as I.라고 하거나 He is not as fast as I.라고 하면 돼요.

그는 나만큼 키가 작다.	He is as short as I.
그는 나만큼 키가 작지 않다.	He is not as short as I.
그녀는 나만큼 귀엽다.	She is as cute as I.
그녀는 나만큼 귀엽지 않다.	She is not as cute as I.

He is as short as I.

그는 나만큼 키가 작다.

WRITING PRACTICE

A. 다음의 빈칸에 적절한 말을 써 보세요.

1. 나는 우리 엄마만큼 키가 크다.

   I am   tall   my mom.

2. 나는 우리 형만큼 뚱뚱하다.

   I am   fat   my brother.

3. 나도 그녀만큼 날씬하면 좋겠다. (날씬한 slim)

   I wish to be   she.

B. 다음 우리말을 영어로 써 보세요.

4. 나는 그 영화배우만큼 잘생겼다. (영화배우 movie star 잘생긴 handsome)

   ➡

5. 내 머리도 그녀만큼 길다.

   ➡

6. 나는 우리 아빠만큼 키가 크면 좋겠다.

   ➡

정답 p.226

31 더 ~한 것 표현하기

 그는 나보다 더 많이 세련되어 보인다.
He looks many stylish than I.

어떤 것과 비교하여 더 좋거나 더 많거나 한 것을 표현할 때는 ~보다 더 ~한/하게를 나타내는 -er than ~ 구문을 사용해요. 더 ~한/하게는 형용사나 부사에 보통 -er를 붙여서 나타내지만, 단어가 긴 경우에는 그 앞에 more를 써요. 예를 들어 더 키가 작은은 short에 er를 붙여 shorter라고 하지만 더 세련된은 more stylish라고 해요. 그리고 전혀 다른 형태로 비교급이 바뀌는 경우도 있어요. good은 better(더 좋은)로, bad는 worse(더 나쁜)로, 그리고 many/much는 more로 바뀌어요.

그는 나보다 더 키가 작다.	He is shorter than I.
그는 나보다 더 잘생겼다.	He is more handsome than I.
그는 나보다 더 착하다.	He is better than I.
그는 나보다 책이 더 많다.	He has more books than I.

 ## He looks more stylish than I.
그는 나보다 더 많이 세련되어 보인다.

WRITING PRACTICE

A. 다음의 빈칸에 적절한 말을 써 보세요.

1. 그는 우리 형보다 더 멋지다.

   He is _____ _____ my brother.

2. 나는 우리 엄마보다 눈이 더 크다.

   I have _____ eyes _____ my mom.

3. 내가 그들보다 더 뚱뚱하다. (더 뚱뚱한 fatter)

   I am _____ _____ they.

B. 다음 우리말을 영어로 써 보세요.

4. 나는 그보다 더 바쁘다. (더 바쁜 busier)

   ➡

5. 그는 나보다 옷이 더 많다. (옷 clothes)

   ➡

6. 나는 그보다 더 세련되어 보이고 싶다.

   ➡

정답 p.226

32 최고인 것 표현하기

우리 반에서 내가 제일 예쁜 것 같다.
I think I am first pretty in my class.

~에서 가장 ~하다, 제일 ~하다, 최고로 ~하다라는 말은 최상급을 이용해서 나타내요. 최상급은 형용사나 부사 뒤에 -est를 붙이거나 그 앞에 most를 붙여 만드는데, 보통은 최상급 앞에 the를 써야 해요. 형태가 다르게 변하는 최상급으로 good은 best(가장 좋은), bad는 worst(가장 나쁜), many/much는 most(가장 많은)가 있어요. 우리 반에서 내가 제일 예쁘다면 I am the prettiest in my class.라고 하면 돼요.

나는 우리 반에서 가장 키가 작다.	I am the shortest in my class.
그가 우리 반에서 제일 잘생겼다.	He is the most handsome in my class.
그가 우리 반에서 최고다.	He is the best in my class.
그는 우리 반에서 가장 많이 저금한다.	He saves the most money in my class.

I think I am the prettiest in my class.
우리 반에서 내가 제일 예쁜 것 같다.

WRITING PRACTICE

A. 다음의 빈칸에 적절한 말을 써 보세요.

1. 그가 우리 반에서 가장 똑똑한 학생이다.

   He is _____ student in my class.

2. 내가 우리 가족에서 가장 키가 작다.

   I am _____ in my family.

3. 그가 우리 학교에서 가장 좋으신 선생님이신 것 같다.

   I think he is _____ teacher in my school.

B. 다음 우리말을 영어로 써 보세요.

4. 그가 우리 반에서 가장 유행을 따른다. (유행을 따르는 fashionable)

   ➜ _____

5. 내가 우리 가족 중에서 눈이 제일 작다.

   ➜ _____

6. 내가 우리 반에서 가장 좋은 점수를 받았다. (점수 grade)

   ➜ _____

정답 p.226

33 몸에 부착하는 것은 다 wear

 귀걸이를 하고 싶었다.
I wanted to do earrings.

~하다라는 의미로 동사 **do**를 쓰지 않는 경우도 있어요. 귀걸이를 하고 싶다고 할 때 우리가 보통 입다라고 알고 있는 **wear**를 써서 **I wanted to wear earrings.**라고 하죠. **wear**는 옷을 입고 있다라는 의미뿐 아니라, 우리 몸에 부착할 수 있는 것을 입고, 신고, 차고, 매달고, 쓰고 있다고 할 때 사용할 수 있어요. 몸에 부착되는 것으로는 테가 있는 모자(**hat**), 테가 없는 모자(**cap**), 가발(**wig**), 반지(**ring**), 팔찌(**bracelet**), 목걸이(**necklace**), 신발(**shoes**), 안경(**glasses**), 장갑(**gloves**), 벙어리장갑(**mittens**) 등이 있어요. 그리고 착용하는 동작을 나타내는 것은 **put on**이에요.

신발을 신고 있다		shoes
가발을 쓰고 있다		a wig
반지를 끼고 있다	wear	a ring
모자를 쓰고 있다		a hat
목걸이를 하고 있다		a necklace
안경을 쓰고 있다		glasses

I wanted to wear earrings.
귀걸이를 하고 싶었다.

WRITING PRACTICE

A. 다음의 빈칸에 적절한 말을 써 보세요.

1. 나는 모자 쓰는 것을 좋아한다.

   I like to _____ a hat.

2. 책을 읽기 전에 안경을 썼다.

   I _____ _____ glasses before reading.

3. 그는 항상 팔찌를 끼고 다닌다.

   He always _____ a bracelet.

B. 다음 우리말을 영어로 써 보세요.

4. 우리 아빠는 가끔 가발을 쓰신다. (가끔 sometimes)

   ➡ _____

5. 외출하기 전에 벙어리장갑을 꼈다. (외출하다 go out)

   ➡ _____

6. 나는 안경 쓰기가 싫다.

   ➡ _____

지금까지 배운 내용들을 바탕으로 우리 친구 아란이가 그림일기를 썼어요.

멋져 보이고 싶어!

6월 4일, 수요일, 날씨 맑음

나는 멋져 보이고 싶어요. 멋진 옷도 입고 싶고요. 피부도 하야면 좋겠어요. 코도 높으면 좋겠고요. 오늘은 좀 더 세련되어 보이고 싶어서 머리를 잘랐어요. 귀걸이도 했어요. 멋져 보이는 것은 쉬운 일은 아니라고 생각돼요.

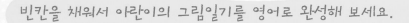

빈칸을 채워서 아란이의 그림일기를 영어로 완성해 보세요.

I want to look _____.

I want to _____ fashionable clothes.

I wish to have _____ skin.

I wish to have a _____ nose.

Today I _____ my hair cut because I wanted to look _____ stylish.

I _____ earrings.

I think _____ is not easy to look nice.

정답 p.227

ABC

look ~해 보이다 | fashionable 최신 유행의 | clothes 옷 | fair 깨끗한 | skin 피부
stylish 멋진 | earring 귀걸이 | think 생각하다

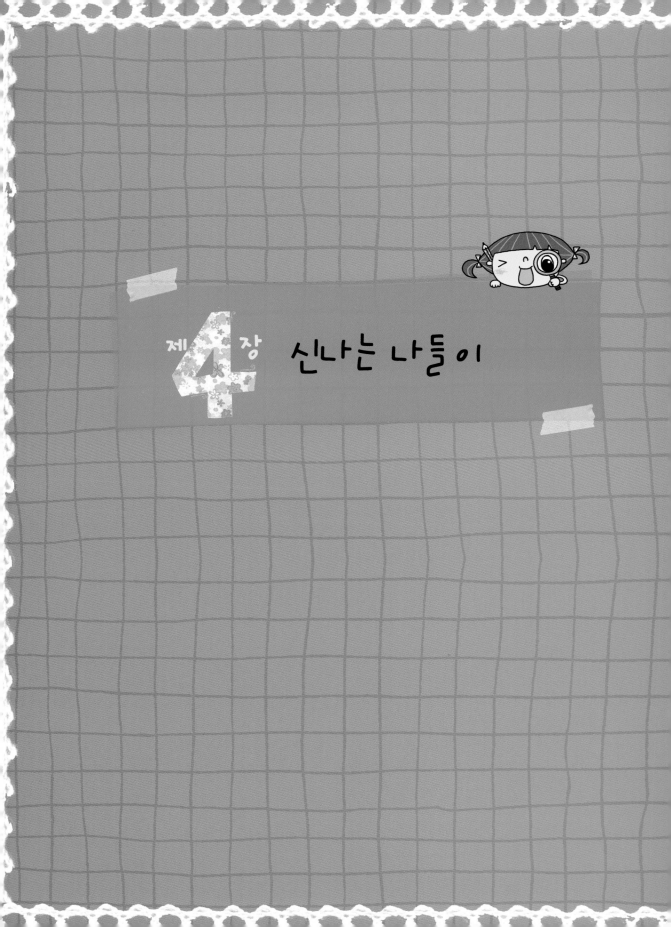

제 **4** 장 신나는 나들이

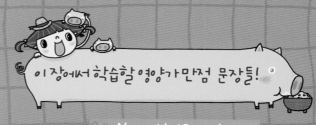

이 장에서 학습할 영양가 만점 문장들!

34 Now, it is autumn.

35 I asked my friends to play together.

36 I went to the amusement park.

37 I will not go there.

38 I went on a school trip.

39 I really look forward to it.

40 I can't wait to see him.

41 I had to hurry up.

42 I went to the movies with my friends.

43 I was really bored.

44 I had a pleasant day.

34 it을 사용하면 돼요

이제 가을이다.
Now is autumn.

나들이하기에 정말 좋은 날씨예요. 이제 가을이거든요. 날씨, 계절, 요일, 날짜, 시간, 거리, 명암을 나타낼 때는 it을 사용해요. 여기서 it을 비인칭 주어라고 하는데 우리말로 따로 해석이 되지 않아요. 이제 가을이다라고 하려면 Now, it is autumn.이라고 해요.

날씨	날씨가 화창하다.	It is sunny.
계절	봄이다.	It is spring.
요일	금요일이다.	It is Friday.
날짜	10월 3일이다.	It is October 3rd.
시간	8시 5분이다.	It is eight five.
거리	여기에서 1미터이다.	It is 1 meter from here.
명암	방 안이 어둡다.	It is dark in the room.

Now, it is autumn.
이제 가을이다.

WRITING PRACTICE

A. 다음 문장의 어색한 부분을 고쳐 쓰세요.

1. The time was 10 o'clock. 시간이 10시였다.

   →

2. Now, the season is spring. 지금 계절이 봄이다.

   →

3. Outside is bright. 바깥은 밝다.

   →

B. 다음 우리말을 영어로 써 보세요.

4. 드디어 겨울이다. (드디어 finally)

   →

5. 오늘은 날씨가 시원했다.

   →

6. 벌써 9시다. (벌써 already)

   →

정답 p.227

35 ~하자고 요청했어요

 친구들에게 함께 놀자고 했다.
I said my friends to play together.

너무 심심해서 친구들에게 놀자고 했나요? 누구에게 무엇을 하자고 할 때는 'ask+사람+ to+동사원형'의 형태로 나타내요. 이는 ~에게 ~하자고 요청/요구/부탁하다라는 표현이에 요. ask는 묻다의 의미도 있지만, 이처럼 요청/요구/부탁하다의 뜻으로도 쓰인답니다. 친구 들에게 함께 놀자고 했다면 I asked my friends to play together.라고 해야 돼요.

엄마에게 외식하자고 했다.		my mom	to eat out.
친구들에게 축구하자고 했다.		my friends	to play soccer.
아빠에게 산책하자고 했다.	I asked	my dad	to take a walk.
그에게 일찍 오라고 했다.		him	to come early.
그들에게 게임을 하자고 했다.		them	to play games.

 ## I asked my friends to play together.
친구들에게 함께 놀자고 했다.

96

WRITING PRACTICE

A. 다음의 빈칸에 적절한 말을 써 보세요.

1. 엄마는 나에게 함께 쇼핑 가자고 하셨다.

   My mom _____ me _____ go shopping together.

2. 나는 부모님에게 휴대폰을 사 달라고 했다. (휴대폰 cell phone)

   I _____ my parents _____ buy me a cell phone.

3. 나는 친구들에게 농구를 하자고 했다. (농구 basketball)

   I _____ my friends _____ _____ .

B. 다음 우리말을 영어로 써 보세요.

4. 아빠는 나에게 영어 공부 좀 하라고 하셨다.

   ➡ _____

5. 나는 친구들에게 컴퓨터 게임을 하자고 했다.

   ➡ _____

6. 나는 그에게 나를 데리러 오라고 부탁했다. (데리러 오다 pick up)

   ➡ _____

정답 p.227

놀이공원에 갔다.
I went the amusement park.

놀이공원에 갔다고 할 때는 ~에에 해당하는 전치사 to를 써서 I went to the amusement park.라고 해요. 이처럼 ~에 가다는 'go to+장소'로 표현하면 돼요. 그런데 학교에 공부하러 가거나 잠자러 침대로 가거나 하는 경우는 장소 앞에 a/an이나 the를 쓰지 않는다는 것에 주의하세요.

~에 가다 : go to + 장소	
슈퍼마켓에 가다	go to the supermarket
산에 가다	go to the mountain
박물관에 가다	go to the museum
to 앞에 a/an이나 the를 쓰지 않는 표현	
학교에 (공부하러) 가다	go to school
침대로 (잠자러) 가다	go to bed
교회로 (예배 보러) 가다	go to church

 # I went to the amusement park.
놀이공원에 갔다.

WRITING PRACTICE

A. 다음의 빈칸에 적절한 말을 써 보세요.

1. 우리 반은 어제 동물원에 갔다.

   My class went _____ the zoo yesterday.

2. 우리 가족은 일요일마다 교회에 간다.

   My family goes _____ _____ on Sundays.

3. 나는 유럽에 가보고 싶다.

   I want to _____ _____ Europe.

B. 다음 우리말을 영어로 써 보세요.

4. 우리 가족은 그 미술관에 자주 간다. (미술관 art gallery)

   ➜

5. 나는 아침 6시에 학교에 간다.

   ➜

6. 나는 저녁 10시에 잠자리에 든다.

   ➜

정답 p.227

37 전치사를 쓰지 않는 장소

거기에 가지 않을 것이다.
I will not go to there.

~에 가다는 **go to** 다음에 장소를 쓰죠. 그런데 ~에, ~로의 의미까지 포함되어 있는 장소 부사 앞에는 **to**를 쓰지 않아요. 이런 장소 부사로는 there(거기에), here(여기로), home(집 으로), downstairs(아래층으로), upstairs(위층으로), abroad(해외로) 등이 있어요. 그래서 거기에 가지 않을 것이다라고 하려면 **I will not go there.**라고 해야 해요.

그가 여기로 왔다.	He came		here.
집으로 일찍 돌아왔다.	I came back		home early.
위층으로 올라갔다.	I went	to(X)	upstairs.
아래층으로 내려왔다.	I went		downstairs.
해외에 가고 싶다.	I want to go		abroad.

I will not go there.
거기에 가지 않을 것이다.

A. 다음 문장에서 잘못된 부분을 고쳐 써 보세요.

1. I had to go back to home. 나는 집에 일찍 들어가야 했다.

→

2. I ran to upstairs. 나는 위층으로 뛰어 올라갔다.

→

3. My brother went to abroad to study. 우리 오빠는 해외로 공부하러 갔다.

→

B. 다음 우리말을 영어로 써 보세요.

4. 나는 아래층으로 서둘러 내려왔다. (서둘러 in a hurry)

→

5. 삼촌이 사업 일로 해외에 가셨다. (사업 일로 on business)

→

6. 우리는 거기에 가지 않았다.

→

정답 p.227

38 피크닉과 학교 소풍은 달라요

소풍을 갔다.
I went picnic.

봄가을이면 즐거운 소풍을 가죠. 우리가 소풍이라고 말하는 picnic은 가족이나 친구들끼리 먹을 것을 싸 가지고 가는 가벼운 나들이예요. 소풍을 가다라는 표현은 go on a picnic이라고 해요. 학교에서 가는 소풍이나 수학여행은 picnic이라고 하지 않고 school trip 또는 school excursion이라고 해요. 체험 학습으로 가는 소풍은 field trip, 소풍/체험 학습/수학여행을 가다는 go on a ~로 표현해요. 짧게 다녀오는 여행은 trip이라고 하는데, 여행을 가다는 take a trip이라고 하죠.

피크닉을 가다	go on a picnic
학교 소풍을 가다	go on a school trip
체험 학습을 가다	go on a field trip
수학여행을 가다	go on a school excursion
여행을 가다	take a trip

I went on a school trip.
소풍을 갔다.

WRITING PRACTICE

A. 다음 그림과 표현을 짝지어 보세요.

1.    •   •   a. go on a school trip

2.    •   •   b. go on a picnic

3.   •   •   c. go on a field trip

B. 다음 우리말을 영어로 써 보세요.

4. 오늘 학교 소풍을 갔다.

  ➜

5. 내일 수학여행을 간다.

  ➜

6. 가족들과 여행을 했다.

  ➜

정답 p.228

39 기대 표현하기

정말 기대된다.
I really expect it.

즐거운 일이 계획되어 있을 때는 밤에 잠도 못 자면서 설레죠? 그런 기대되는 마음을 영어로 표현할 때는 어떻게 할까요? expect는 어떤 일이 일어나리라고 기대하거나 예상할 때 쓰는 말이에요. 어떤 일을 설레는 마음으로 기다리며 기대하는 것은 'look forward to+명사/동사원형 -ing'의 형태로 나타내요. 정말 기대된다라고 하려면 I really look forward to it.이라고 해요. 그를 만날 일이 기대된다고 할 경우는 I look forward to meeting him.이라고 하죠. 이때 to 다음에 만나다라는 동사 meet은 동명사 형태인 meeting으로 써야 하는 것에 주의하세요.

우리 소풍이 기대된다.		my school trip.
나의 첫 여행이 기대된다.	I look forward to	my first trip.
그를 만날 일이 기대된다.		meeting him.
부산에 갈 일이 기대된다.		going to Busan.

I really look forward to it.
정말 기대된다.

104

WRITING PRACTICE

A. 다음 문장에서 잘못된 부분을 고쳐 써 보세요.

1. I expect my school excursion. 나의 수학여행이 기대된다.

   ➜

2. I look forward to meet my new teacher. 새로운 선생님 만날 일이 기대된다.

   ➜

3. I look forward to watch the soccer game. 축구 경기를 볼 일이 기대된다.

   ➜

B. 다음 우리말을 영어로 써 보세요.

4. 나의 첫 해외여행이 기대된다. (해외여행 trip abroad)

   ➜

5. 외식할 일이 기대된다. (외식하다 eat out)

   ➜

6. 가족들과 캐나다에 갈 일이 기대된다.

   ➜

정답 p.228

40 몹시 하고 싶은 일이 있어요

그를 빨리 보고 싶다.
I want to see him fast.

fast는 어떤 일을 빠르게 한다는 말이에요. 예를 들어 달리기를 빨리 한다고 할 때 run fast 라고 표현하는 것처럼 속도가 빠르다는 뜻이죠. 그를 빨리 보고 싶다에서 빨리는 몹시 보고 싶다는 뜻이죠. 몹시 ~하고 싶다라고 하려면 'can't wait to+동사원형'의 형태로 쓰세요. 이는 기다릴 수 없을 정도로 무언가가 몹시 하고 싶다는 말이에요. 그래서 빨리 그를 보고 싶다는 말은 I can't wait to see him.이라고 하면 돼요.

그 영화를 빨리 보고 싶다.		see the movie.
축구를 빨리 하고 싶다.	I can't wait to	play soccer.
그와 이야기를 몹시 하고 싶다.		talk to him.
빨리 스키 타러 가고 싶다.		go skiing.

I can't wait to see him.
그를 빨리 보고 싶다.

WRITING PRACTICE

A. 다음 문장에서 빈칸에 적절한 말을 써 보세요.

1. 빨리 그와 다시 만나고 싶다.

   I can't _____ to meet him again.

2. 쇼핑하러 몹시 가고 싶다.

   I _____ _____ to go shopping.

3. 그 사진을 빨리 보고 싶었다.

   I _____ _____ _____ see the pictures.

B. 다음 우리말을 영어로 써 보세요.

4. 놀이공원에 빨리 가고 싶었다. (놀이공원 amusement park)

   ➡ _____

5. 롤러코스터를 빨리 타고 싶었다. (롤러코스터 roller coaster)

   ➡ _____

6. 그 뮤지컬이 몹시 보고 싶다. (뮤지컬 musical)

   ➡ _____

정답 p.228

41 해야 할 일, 할 필요가 없는 일

서둘러야 했다.
I must to hurry up.

~해야 한다라는 말은 조동사 must나 have to로 나타내는데, 이들은 조동사이기 때문에 그 다음에 반드시 동사원형을 써야 해요. ~해야 했다는 have to의 과거형인 had to 형태로 쓰면 되죠. 반대로 ~하면 안 된다고 강하게 부정할 때는 must not을 사용하지만, ~할 필요가 없다라고 하려면 do(es)n't have to ~, need not ~으로 표현해요. 그래서 서둘러야 한다는 말은 must 다음에 동사원형이 와야 하므로 I must hurry up.이라고 하거나 have to를 사용하여 I have to hurry up.이라고 하면 돼요.

~해야 한다	must	have to
~해야 했다		had to
~해야 할 것이다		will have to
~하면 안 된다	must not	
~할 필요가 없다	need not	do(es)n't have to

I had to hurry up.
서둘러야 했다.

WRITING PRACTICE

A. 다음 문장에서 빈칸에 적절한 말을 써 보세요.

1. 나는 그 캠프에 참가해야 했다. (참가하다 take part in ~)

   I _____ take part in the camp.

2. 사진을 좀 찍어야 했다.

   I _____ take some pictures.

3. 내가 디지털 카메라를 가져가야 할 필요는 없었다.

   I _____ bring my digital camera.

B. 다음 우리말을 영어로 써 보세요.

4. 우리가 점심을 요리해야 했다.

   ➡ _____

5. 내가 설거지를 할 필요는 없었다.

   ➡ _____

6. 우리가 캠프파이어를 준비해야 했다. (준비하다 prepare)

   ➡ _____

정답 p.228

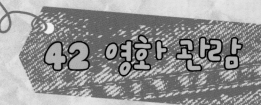

42 영화 관람

친구들과 영화를 보러 갔다.
I went to a movie with my friends.

친구들과 영화를 보러 가면 영화가 더 재미있는 것 같죠? 영화를 보러 간다는 표현은 **go to the movies**라고 하는데 movie를 복수형 movies라고 하는 것에 주의하세요. **go to see a movie**라고 해도 영화 보러 간다는 말이 돼요. 그래서 친구들과 영화를 보러 갔다는 말은 **I went to the movies with my friends.** 또는 **I went to see a movie with my friends.**라고 해요. 무슨 영화를 좋아하나요? 영화에는 다음과 같은 종류가 있어요.

만화 영화	animation
공포 영화	horror movie
입체 영화	3D(three-dimensional) movie
공상 과학 영화	SF(science-fiction) movie
모험 영화	adventure movie
개봉 영화	newly released movie

I went to the movies with my friends.
친구들과 영화를 보러 갔다.

WRITING PRACTICE

A. 다음 문장에서 빈칸에 적절한 말을 써 보세요.

1. 영화 보러 가고 싶다.

   I want to ＿＿＿ ＿＿＿ ＿＿＿ .

2. 나는 공포 영화를 좋아한다.

   I like ＿＿＿ ＿＿＿ .

3. 우리 가족은 주말마다 영화 보러 간다.

   My family ＿＿＿ ＿＿＿ every weekend.

B. 다음 우리말을 영어로 써 보세요.

4. 어제 나는 형과 함께 영화 보러 갔다.

   ➜ ＿＿＿

5. '디워'라는 영화가 보고 싶었다.

   ➜ ＿＿＿

6. 나는 공상 과학 영화를 좋아한다.

   ➜ ＿＿＿

정답 p.228

43 지루한 건지, 지루하게 만든 건지

정말 지루했다.
I was really boring.

친구들과 함께 본 영화가 지루했다고요? 그래서 **I was really boring.**이라고 했군요. 그런데 내가 지루했다고 하려면 **I was bored.**라고 해야 해요. **bore**는 지루하게 하다라는 동사로 사람이 주어일 경우는 어떤 것에 의해 지루하게 된의 의미를 갖는 **bored**, 사물이 주어일 경우는 대부분 지루하게 하는의 뜻인 **boring**을 써요. 따라서 영화가 지루했다고 할 때는 **The movie was boring.**이라고 하고, 내가 지루했던 경우는 **I was bored.**라고 해야 하죠.

지루하게 하는	boring	신나게 하는/흥미롭게 하는	exciting
지루하게 된	bored	신난/흥미로운	excited
지치게 하는	tiring	짜증나게 하는	annoying
지친	tired	짜증나게 된	annoyed

주어가 사물일 때	주어가 사람일 때
The game was exciting.	I was excited.
The work was tiring.	I was tired.

I was really bored.
정말 지루했다.

112

WRITING PRACTICE

A. 다음 문장에서 빈칸에 적절한 말을 써 보세요.

1. 그 뮤지컬은 정말 흥미로웠다.

   The musical was really _____.

2. 나는 짜증이 났다. (짜증나게 하다 annoy)

   I was _____.

3. 그 영화는 매우 지루했다.

   The movie was very _____.

B. 다음 우리말을 영어로 써 보세요.

4. 그의 이야기는 정말 지루했다.

   ➡ _____

5. 그 게임은 매우 신났다.

   ➡ _____

6. 나는 너무 피곤했다. (너무 too)

   ➡ _____

정답 p.228

44 재미있었던 하루 표현하기

재미있는 하루였다.
Today was interesting.

재미있었다라는 말은 **I had fun.**이라고 하면 돼요. 즐거운 시간을 보냈다는 **I spent the interesting time.**(×)이라고 하지 말고 **I had a good time.**이라고 해요. 게임을 재미있게 했다라고 하려면 동사 **enjoy**를 사용하여 **I enjoyed the game.**이라고 하죠. 하루를 보내고 나서 재미있는 하루였다고 할 때는 **I had a pleasant day.**라고 하면 돼요. 그리고 하루를 정말 잘 지냈을 경우는 **I had a wonderful day.**라고 해 보세요. 다음은 하루를 정리하는 표현 들이에요.

즐거운 하루였다.	I had a pleasant day.
바쁜 하루였다.	I had a busy day.
정말 좋은 하루였다.	I had a terrific day.
끔찍한 하루였다.	I had a terrible day.
정말 힘든 하루였다.	I had a really tough day.

I had a pleasant day.
재미있는 하루였다.

114

WRITING PRACTICE

A. 오늘 어떤 하루를 보냈나요? 그 이유도 써 보세요.

1. 즐거운 하루를 보내고 나서.

I had

because   .

2. 힘든 하루를 보내고 나서.

I had

because   .

3. 바쁜 하루를 보내고 나서.

I had

because   .

B. 다음 우리말을 영어로 써 보세요.

4. 재미있는 하루를 보냈다.

  ➡

5. 친구들과 재미있었다. (재미 fun)

  ➡

6. 그 게임을 정말 즐겁게 했다. (즐기다 enjoy)

  ➡

정답 p.228

지금까지 배운 내용들을 바탕으로 우리 친구 아란이가 그림일기를 썼어요.

신나는 나들이

6월 19일, 목요일, 날씨 맑음

오늘은 날씨가 정말 화창했어요. 학교에서 놀이공원으로 소풍을 갔어요. 우리가 선생님께 아침 일찍 가자고 했어요. 우리는 롤러코스터를 빨리 타고 싶었죠. 일찍 갔기 때문에 우리는 줄서서 기다릴 필요가 없었어요. 오후에는 영화를 보러 갔어요. 매우 흥미진진한 영화를 보았어요. 정말 행복한 하루였어요.

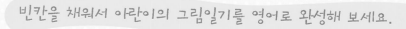

Today, _____ was sunny.

We went on a _____ _____ to the amusement park.

We asked the teacher _____ go early in the morning.

We _____ to ride the roller coaster.

We _____ _____ wait in line
because we went early.

We went to the _____ in the afternoon.

We saw a very _____ movie.

We had a really _____ day.

정답 p.229

 ABC
amusement park 놀이공원 | school trip 소풍 | ask 부탁하다 | ride 타다 | roller coaster
롤러코스터 | be in line 줄서다 | saw 보았다(see의 과거) | exciting 신나는

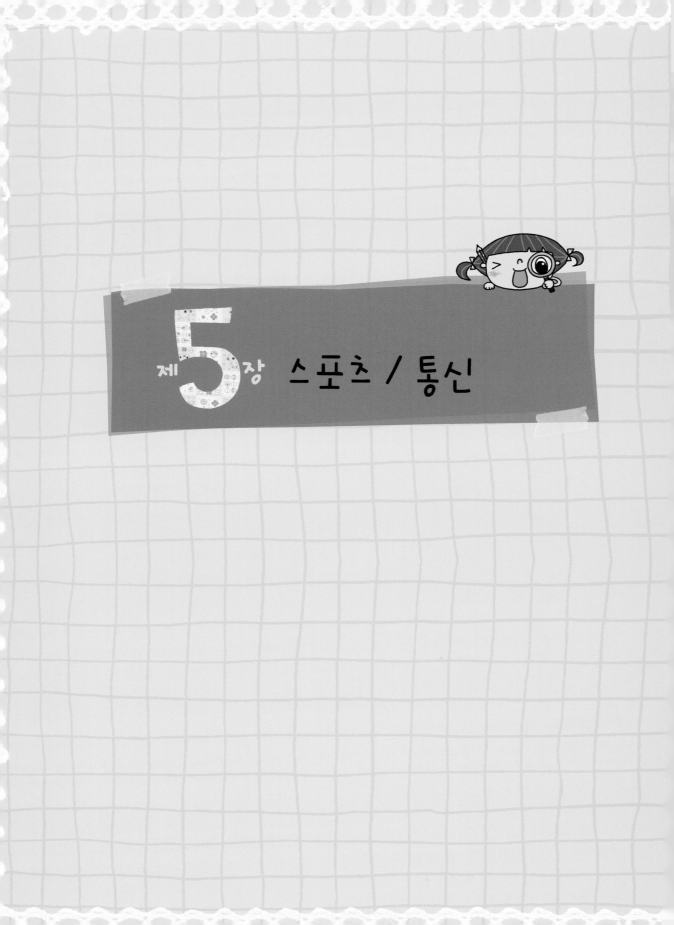

제 5 장 스포츠 / 통신

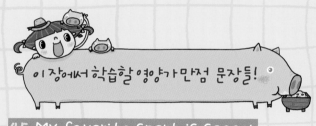

이 장에서 학습할 영양가만점 문장들!

45 My favorite sport is soccer.

46 I like to go swimming on Saturday.

47 I went skating last week.

48 I learned how to ski.

49 Now I am good at swimming.

50 I hardly ever exercise.

51 I seem to like soccer too much.

52 I played computer games all day.

53 I had a chat online at the internet cafe.

54 I wrote comments on his mini-hompy.

55 I got a big phone bill.

45 스포츠

 내가 좋아하는 스포츠는 축구다.
My like sports is soccer.

내가 좋아하는 것을 말할 때는 **My favorite is ~**.라고 표현해요. favorite는 좋아하는 것의 의미뿐 아니라 좋아하는의 형용사로도 쓰여요. 그래서 내가 좋아하는 사람은 ~다라고 하려면 **My favorite person is ~**.라고 하면 되죠. 내가 좋아하는 스포츠가 축구다라는 말은 **My favorite sport is soccer.**라고 하거나 동사 like를 사용하여 **I like soccer.**라고 해요. 그리고 **sports**는 **sport**의 복수형이에요. 여러분은 어떤 스포츠를 좋아하나요?

	농구다.		basketball.
	야구다.		baseball.
	배구다.		volleyball.
내가 좋아하는 스포츠는	테니스다.	My favorite sport is	tennis.
	탁구다.		table tennis.
	스키다.		skiing.
	권투다.		boxing.
	레슬링이다.		wrestling.

 ## My favorite sport is soccer.
내가 좋아하는 스포츠는 축구다.

120

A. 자신이 좋아하는 것은 어떤 것인지 써 보세요.

  1. 내가 좋아하는 스포츠는 ○○이다.

    My favorite sport is   .

  2. 내가 좋아하는 사람은 ○○이다.

    My favorite person is   .

  3. 내가 좋아하는 축구 선수는 ○○이다.

    My favorite soccer player is   .

B. 다음 우리말을 영어로 써 보세요.

  4. 내가 좋아하는 사람은 우리 영어 선생님이다.

    ➜

  5. 우리 아빠가 좋아하시는 스포츠는 골프이다.

    ➜

  6. 내가 좋아하는 야구 선수는 이승엽이다.

    ➜

정답 p.229

46 go -ing로 표현하는 운동

 나는 토요일에 수영하러 가는 것을 좋아한다.
I like to go to swim on Saturday.

축구, 야구, 농구처럼 여럿이 함께하는 운동 경기를 했다고 할 때는 play soccer, play tennis처럼 play 동사와 함께 써요. 이때 운동 경기 앞에 the를 쓰지 않는다는 것을 주의해야 해요. 그리고 수영이나 스케이트처럼 혼자 하는 스포츠는 go -ing 형태로 나타내요. 그래서 수영하러 가다는 go swimming이라고 해요. 이런 형태로 쓰는 스포츠나 활동은 다음과 같은 것들이 있어요.

수영하러 가다		swimming
스케이트 타러 가다		skating
스키 타러 가다	go	skiing
등산하다		hiking
조깅하다		jogging
낚시하다		fishing

I like to go swimming on Saturday.
나는 토요일에 수영하러 가는 것을 좋아한다.

WRITING PRACTICE

A. 다음 문장에서 잘못된 부분을 고쳐 쓰세요.

1. I played the soccer after school. 나는 방과 후에 축구를 했다.

   ➜

2. I like to go to ski. 나는 스키 타러 가는 것을 좋아한다.

   ➜

3. My dad often goes to fish. 우리 아빠는 자주 낚시하러 가신다.

   ➜

B. 다음 우리말을 영어로 써 보세요.

4. 나는 친구들과 축구를 했다.

   ➜

5. 나는 야구하는 것을 좋아한다.

   ➜

6. 나는 가끔 수영하러 간다. (가끔 sometimes)

   ➜

정답 p.229

47 전치사를 쓰지 않는 시간

지난주에 스케이트 타러 갔다.
I went skating on last week.

아침에는 **in the morning**, 5월 5일에는 **on May 5th**, 2008년에는 **in 2008**이라고 하듯이 시간 앞에 전치사를 써서 ~에에 해당하는 말을 나타내죠. 그런데 지난 ~에는 **on last week**라고 쓰지 않고 전치사 없이 **last week**라고만 해요. 이렇게 전치사를 쓰지 않는 시간 표현으로는 다음과 같은 것들이 있어요.

지난 ~에	last ~	이번 ~에	this ~
지난주에	last week	이번 주에	this week
지난달에	last month	이번 달에	this month
작년에	last year	올해에	this year
다음 ~에	next ~	매~	every ~
다음 주에	next week	매주	every week
다음 달에	next month	매달	every month
내년에	next year	매년	every year

I went skating last week.
지난주에 스케이트 타러 갔다.

WRITING PRACTICE

A. 다음 문장에서 잘못된 부분을 고쳐 쓰세요.

1. My family went skiing at last night. 어젯밤에 우리 가족은 스키를 탔다.
   →

2. I couldn't go skating in last year. 작년에 나는 스키를 타러 가지 못했다.
   →

3. I will go skiing on this winter. 올 겨울에는 스키 타러 갈 것이다.
   →

B. 다음 우리말을 영어로 써 보세요.

4. 다음 주에 우리 가족은 스키 타러 갈 것이다.
   →

5. 나는 매 주말에 수영을 한다.
   →

6. 우리 가족은 일요일마다 등산을 간다.
   →

정답 p.229

48 뭘 배울까?

 스키를 배웠다.
I learned ski.

영어를 배운다라고 하는 경우는 **I learn English.**라고 해요. 하지만 스키를 배웠다는 것은 스키에 대해서 배웠다는 것이 아니라 스키 타는 방법을 배웠다는 말이죠. 그래서 이런 경우는 learn 다음에 'to 동사원형'을 쓰거나 'how to 동사원형'을 써서 **I learned to ski.** 또는 **I learned how to ski.**로 나타내야 해요. 수영을 배운다는 말도 수영하는 방법을 배우는 것이므로 **I learn to swim.** 또는 **I learn how to swim.**이라고 해야 해요.

		to ski.
나는 스키를 배운다.		how to ski.
나는 수영을 배운다.	I learn	to swim.
		how to swim.
나는 골프를 배운다.		to golf.
		how to play golf.

I learned how to ski.
스키를 배웠다.

126

WRITING PRACTICE

A. 다음 문장에서 빈칸에 적절한 말을 써 보세요.

1. 나는 운전을 배우고 싶다.

    I want to learn   drive.

2. 나는 수영을 배우지 않았다.

    I didn't learn   swim.

3. 나는 기타 연주하는 법을 배우고 싶다.

    I want to learn   the guitar.

B. 다음 우리말을 영어로 써 보세요.

4. 우리 아빠는 골프를 배우신다.

    ➡

5. 나는 축구를 잘하는 법을 배우고 싶다.

    ➡

6. 나는 플루트 연주하는 법을 배운다.

    ➡

정답 p.230

49 잘하는 것, 못하는 것

난 이제 수영을 잘한다.
Now I swim well.

수영을 배우더니 이젠 수영에 자신감이 생겼군요. ~를 잘하다라고 할 때는 'be good at+명사/-ing' 구문을 사용해서 나타낼 수 있어요. 컴퓨터를 잘한다면 I am good at computers.라고 하면 돼요. 수영을 잘한다는 말은 I am good at swimming.이라고 하면 되겠죠. 반대로 ~를 못하다라는 말은 be poor at ~으로 나타내요. 수영을 못하면 I am poor at swimming.이라고 하세요.

나는 테니스를 잘 친다.		tennis.
나는 요리를 잘한다.	I am good at	cooking.
나는 스키를 잘 탄다.		skiing.
나는 춤을 잘 못 춘다.		dancing.
나는 노래를 잘 못 부른다.	I am poor at	singing.
나는 영어를 잘 못한다.		English.

Now I am good at swimming.
난 이제 수영을 잘한다.

WRITING PRACTICE

A. 다음 문장에서 잘못된 부분을 고쳐 쓰세요.

1. I am bad at singing. 나는 노래를 잘 못한다.

   ➜

2. I am well at skiing. 나는 스키를 잘 탄다.

   ➜

3. I am poor at swim. 나는 수영을 잘 못한다.

   ➜

B. 다음 우리말을 영어로 써 보세요.

4. 나는 스포츠를 잘한다. (스포츠 sports)

   ➜

5. 나는 달리기를 잘한다. (달리기 running)

   ➜

6. 나는 그림을 잘 못 그린다. (그림 그리기 drawing)

   ➜

정답 p.230

나는 거의 운동을 하지 않는다.
I don't hardly exercise.

hard는 열심인, 열심히의 의미이지만, hardly ever는 거의 ~않다라는 말이에요. hardly에 ~않다라는 부정의 의미가 포함되어 있기 때문에 don't를 쓸 필요가 없어요. 그래서 나는 거의 운동을 하지 않는다고 하려면 I hardly ever exercise.라고 하면 돼요. 어떤 일을 얼마나 자주 하는지 표현하는 말을 빈도부사라고 하는데, 보통 be동사나 조동사 뒤에, 일반동사 앞에 써요. 다음은 얼마나 자주 하는지 많이 하는 정도 순서에 따라 나열된 것이에요.

always(언제나, 항상) > usually(보통으로, 일반적으로) >
often(흔히, 자주, 종종) > sometimes(때때로, 이따금, 가끔) >
seldom(좀처럼 ~않다) > rarely, hardly ever(드물게, 거의 ~않다) >
never(한 번도 ~ 않다, 절대로 ~않다)

I hardly ever exercise.
나는 거의 운동을 하지 않는다.

WRITING PRACTICE

A. 다음 빈칸에 들어갈 적절한 말을 써 보세요.

1. 그는 언제나 바쁘다.

   He is _____ busy.

2. 나는 가끔 자전거를 탄다.

   I _____ ride a bike.

3. 나는 절대로 공포 영화를 보지 않는다.

   I _____ watch horror movies.

B. 다음 우리말을 영어로 써 보세요.

4. 나는 방과 후에 자주 농구를 한다.

   ➜ _____

5. 그는 거의 달리지를 않는다.

   ➜ _____

6. 나는 보통 저녁식사 후에 체육관에 간다. (체육관 gym)

   ➜ _____

정답 p.230

51 그런 것 같죠?

 나는 축구를 너무 좋아하는 것 같다.
I like soccer too much.

우리말로도 ~인 것 같다라는 말을 자주 사용하죠? 영어로는 어떻게 표현할까요? '**seem to + 동사원형**' 구문을 사용하면 돼요. 축구를 너무 좋아하는 것 같다면 **I seem to like soccer too much.**라고 하면 되죠. ~하지 않는 것 같다는 **do(es)n't seem to ~** 구문으로 나타낼 수 있어요.

나는 운동을 너무 많이 하는 것 같다.	I seem to	exercise too much.
나는 축구를 자주하는 것 같다.		play soccer often.
나는 좀 게으른 것 같다.		be lazy a little.
그는 운동을 좋아하지 않는 것 같다.	He doesn't seem to	like exercise.
그는 건강한 것 같지 않다.		be healthy.
그는 활발한 것 같지 같다.		be active.

 I seem to like soccer too much.
나는 축구를 너무 좋아하는 것 같다.

132

A. 다음 빈칸에 들어갈 적절한 말을 써 보세요.

1. 그는 스키를 잘 타는 것 같다.

   He   be good at skiing.

2. 나는 좀 둔한 것 같다.

   I   be dull.

3. 그는 민첩한 것 같지 않다.

   He   be quick.

B. 다음 우리말을 영어로 써 보세요.

4. 그는 축구에 미친 것 같다. (~에 미치다 be crazy about ~)

   ➜

5. 그가 지금 체육관에 있는 것 같다.

   ➜

6. 나는 좀 부정적인 것 같다. (부정적인 negative)

   ➜

정답 p.230

52 컴퓨터를 놀다?

 하루 종일 컴퓨터 게임을 했다.
I did computer games all day.

게임을 하거나 운동 경기를 한다고 할 때는 동사 **play**를 사용해요. 게임을 한다고 해서 do
로 표현하지 않죠. 컴퓨터 게임을 했다라고 하려면 I played computer games.라고 해야 돼
요. play는 놀다 이외에도 다른 의미로 많이 사용되죠. 다음을 보고 play가 어떤 의미로 사용
되는지 익혀 보세요.

피아노(악기)를 연주하다		the piano
축구(운동 경기)를 하다		soccer
음반을 틀다		the record
장기를 두다	play	chess
주사위 놀이를 하다		dice
카드놀이를 하다		cards
연극에서 연기하다		in a drama

 ## I played computer games all day.
하루 종일 컴퓨터 게임을 했다.

WRITING PRACTICE

A. 다음 빈칸에 들어갈 적절한 말을 써 보세요.

1. 나는 클라리넷을 연주할 수 있다.

   I can _____ the clarinet.

2. 나는 형과 주사위 놀이를 했다.

   I _____ with my brother.

3. 우리 가족은 카드놀이 하는 것을 좋아한다.

   My family likes to _____ .

B. 다음 우리말을 영어로 써 보세요.

4. 나는 매일 컴퓨터 게임을 한다. (매일 every day)

   ➡ _____

5. 오늘 세 시간 동안 컴퓨터 게임을 했다.

   ➡ _____

6. 컴퓨터 게임 대신 장기를 두었다. (~대신에 instead of)

   ➡ _____

정답 P.230

53 PC방의 영어 표현은?

 PC방에서 인터넷 채팅을 했다.
I did internet chatting at the PC room.

인터넷 채팅을 한다는 표현은 chat online 또는 have a chat online이라고 해요. 그리고 PC방이라고 할 때 PC는 personal computer의 약자로 개인 용도로 쓰이는 컴퓨터라는 뜻이에요. 하지만 PC방을 영어로 PC room이라고 하지 않아요. PC방은 영어로 internet cafe라고 하죠. 그래서 PC방에서 인터넷 채팅을 했다고 하려면 I had a chat online at the internet cafe.라고 해야 돼요. 다음은 우리가 흔히 부르는 장소의 영어 이름이에요.

PC방	internet cafe
노래방	karaoke
보드게임방	board-game cafe
오락실	video arcade
찜질방	sauna

 ## I had a chat online at the internet cafe.
PC방에서 인터넷 채팅을 했다.

136

WRITING PRACTICE

A. 다음 장소의 이름을 영어로 써 보세요.

1.

2.

3.

B. 다음 우리말을 영어로 써 보세요.

4. 나는 메신저로 채팅을 자주 한다.

5. 나는 친구들과 오락실에 갔다.

6. 나는 찜질방에 가는 것을 좋아한다.

정답 p.230

54 인터넷에 댓글 달기

 그의 미니 홈피에 댓글을 달았다.
I wrote on his mini-hompy.

홈페이지나 블로그 또는 인터넷 기사 밑에 쓰는 댓글은 comment라고 하고 댓글을 단다는 말은 write comments라고 해요. 그의 미니 홈피에 댓글을 달았다는 말은 **I wrote comments on his mini-hompy.**라고 하면 돼요. 미니 홈피나 블로그에 사진이나 글을 올리는 것은 게시하다라는 동사 post를 사용하여 post a picture / post a message라고 하면 되죠. 다음은 인터넷 관련 표현들입니다.

인터넷 서핑을 하다	surf the Internet
무료 영화를 다운받다	download a free movie
인터넷 동호회에 가입하다	join an online community
방명록에 글을 남기다	post a message on the guest book
이메일을 보내다	send e-mails
인터넷 쇼핑하다	shop online / do Internet shopping
네티켓을 지키다	keep netiquette

 I wrote comments on his mini-hompy.
그의 미니 홈피에 댓글을 달았다.

A. 다음 빈칸에 들어갈 적절한 말을 써 보세요.

1. 하루 종일 인터넷 서핑을 하였다.

   I _____ the Internet all day long.

2. 친구 미니 홈피에 사진을 하나 올렸다.

   I _____ a picture on my friend's mini-hompy.

3. 우리 엄마는 인터넷 쇼핑을 자주 하신다.

   My mom often shopped _____.

B. 다음 우리말을 영어로 써 보세요.

4. 나는 무료 노래를 다운받았다.

   ➡ _____

5. 그의 방명록에 글을 하나 올렸다. (방명록 guest book)

   ➡ _____

6. 나는 인터넷 동호회 2곳에 가입했다.

   ➡ _____

정답 p.230

55 휴대폰

전화 요금이 많이 나왔다.
My cell phone's money was much.

휴대폰 없이는 못 산다고 하더니 휴대폰 요금이 엄청나게 나왔군요. 전화 요금이 많이 나왔다는 말은 요금이 많이 부과된 청구서를 받았다고 표현하는 게 좋아요. 요금이 많이 부과된 청구서는 big phone bill이라고 하므로 전화 요금이 많이 나왔다고 하려면 I got a big phone bill.이라고 하면 되겠죠. 휴대폰으로 할 수 있는 일에는 어떤 것들이 있을까요?

휴대폰으로 문자를 보내다	send a text message on the cell phone
음성 메시지를 남기다	leave a voice message
사진을 찍다	take a picture
벨소리를 다운받다	download a ring tone
진동모드로 바꾸다	turn the cell phone to vibration mode
전화를 받다	answer the phone
배터리가 다 되다	the battery is dead

I got a big phone bill.
전화 요금이 많이 나왔다.

140

WRITING PRACTICE

A. 다음 빈칸에 들어갈 적절한 말을 써 보세요.

1. 그에게 휴대폰으로 문자를 보냈다.

   I sent him a _____ _____ on the cell phone.

2. 전화를 받을 수 없었다.

   I couldn't _____ the phone.

3. 배터리가 다 되었다.

   The battery is _____ .

B. 다음 우리말을 영어로 써 보세요.

4. 벨소리를 하나 다운받았다.

   ➜ _____

5. 엄마가 내 휴대폰에 음성 메시지를 남기셨다.

   ➜ _____

6. 이번 달에 전화 요금이 엄청 많이 나왔다.

   ➜ _____

정답 p.230

지금까지 배운 내용들을 바탕으로 우리 친구 아란이가 그림일기를 썼어요.

스포츠/통신

6월 22일, 일요일, 날씨 맑음

내가 좋아하는 운동은 수영이에요. 주말마다 수영하러 다녀요. 그래서 수영은 아주 잘해요. 방학 중에는 매일 축구를 해요. 올 겨울에는 스키를 배우고 싶어요. 인터넷에는 스포츠에 대한 정보가 많은 것 같아요. 가끔은 컴퓨터로 스포츠 게임을 해요. 친구들과 스포츠에 대해서 인터넷 채팅을 하기도 해요.

빈칸을 채워서 아란이의 그림일기를 영어로 완성해 보세요.

My _____ sport is swimming.

I _____ _____ every weekend, so I am _____ _____ swimming.

I _____ soccer every day during vacation.

I want to _____ _____ ski this winter.

There _____ _____ be a lot of information about sports on the Internet.

I _____ play online sport games.

I _____ _____ _____ online about sports with my friends.

정답 p.231

ABC
favorite 좋아하는 | swimming 수영 | weekend 주말 | be good at ~을 잘하다 | chat 채팅
soccer 축구 | during ~동안 | vacation 방학 | a lot of 많은 | information 정보

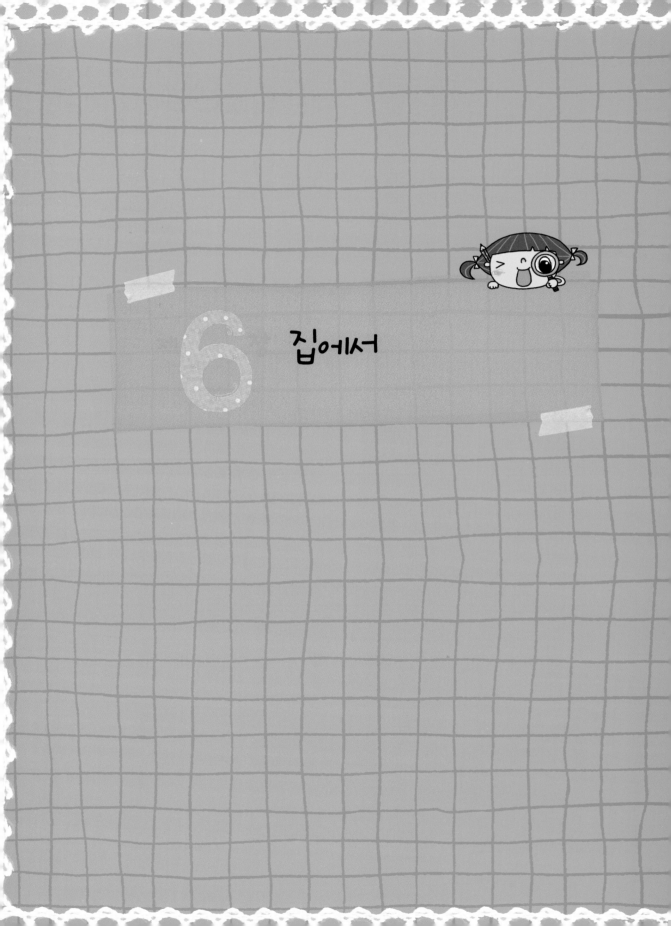

6 집에서

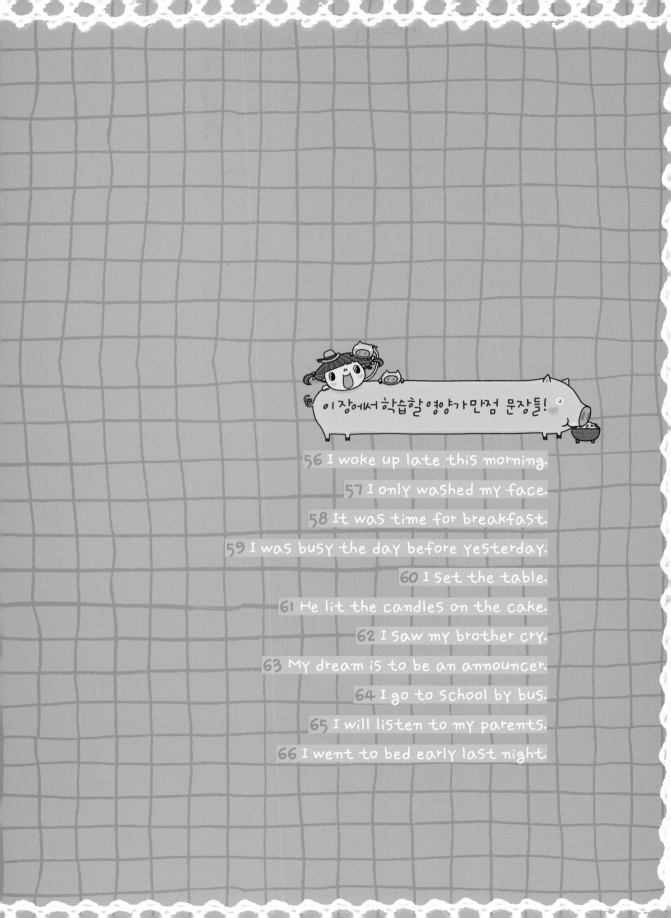

이 장에서 학습할 영양가 만점 문장들!

56 I woke up late this morning.

57 I only washed my face.

58 It was time for breakfast.

59 I was busy the day before yesterday.

60 I set the table.

61 He lit the candles on the cake.

62 I saw my brother cry.

63 My dream is to be an announcer.

64 I go to school by bus.

65 I will listen to my parents.

66 I went to bed early last night.

오늘 아침 잠에서 늦게 깼다.
I got up lately this morning.

꿈을 꾸다가 엄마가 깨우는 소리에 잠을 깼나요? 오늘도 여지없이 늦게 잠에서 깼군요. 잠에서 깨어 눈을 뜨는 것은 **wake up**이라고 해요. **wake ~ up**은 ~를 깨우다라는 뜻으로도 쓰이고요. 잠에서 깬 다음에 잠자리에서 일어나는 것은 **get up**이라고 하죠. **lately**는 늦게라는 말이 아니라 최근에라는 뜻이에요. **late**가 늦은, 늦게의 두 가지 뜻을 다 가지고 있어요. 그래서 잠에서 늦게 깼다고 하려면 **I woke up late.**라고 해야 돼요.

엄마가 나를 깨워 주셨다.	My mom woke me up.
늦잠을 잤다.	I overslept.
잠자리에서 일찍 일어났다.	I got up early.
기지개를 폈다.	I stretched myself.
하품을 했다.	I yawned.
침대를 정리했다.	I made the bed.

I woke up late this morning.
오늘 아침 잠에서 늦게 깼다.

146

WRITING PRACTICE

A. 다음 빈칸에 들어갈 적절한 말을 써 보세요.

1. 오늘 아침 잠에서 일찍 깼다.

   I _____ _____ early this morning.

2. 오늘 아침 늦잠을 잤다.

   I _____ this morning.

3. 잠자리에서 일어나서 하품을 했다.

   I _____ _____ and _____.

B. 다음 우리말을 영어로 써 보세요.

4. 형이 매일 아침 나를 깨운다. (매일 아침 every morning)

   ➜

5. 잠자리에서 일찍 일어나야 했다.

   ➜

6. 기지개를 폈다.

   ➜

정답 p.231

57 세수하고 양치하고

고양이 세수를 했다.
I did cat wash.

늦잠을 자다가 늦어서 고양이 세수를 해야 했나 봐요. 얼굴만 간단히 씻는 것을 고양이 세수를 한다고 하죠. 영어로는 그저 얼굴만 씻었다라고 하고, **I only washed my face.**라고 해요. 늦잠을 자면 학교에 갈 준비를 하느라고 무척 바쁘겠지만 아무리 바빠도 나가기 전에 해야 할 일들은 꼭 해야 해요.

양치를 했다.	I brushed my teeth.
샤워를 했다.	I took a shower.
간단히 샤워를 했다.	I took a short shower.
목욕을 했다.	I took a bath.
머리를 감았다.	I washed my hair.
머리를 말렸다.	I dried my hair.
머리를 빗었다.	I brushed my hair.

I only washed my face.
고양이 세수를 했다.

A. 다음 빈칸에 들어갈 적절한 말을 써 보세요.

1. 오늘 아침에 세수를 하지 못했다.

   I couldn't _____ my face this morning.

2. 서둘러 양치를 했다. (서둘러 in a hurry)

   I _____ my teeth in a hurry.

3. 샤워를 간단히 했다.

   I took a _____ _____ .

B. 다음 우리말을 영어로 써 보세요.

4. 내 동생은 고양이 세수를 한다.

   ➜ _____

5. 나는 매일 아침 머리를 감는다.

   ➜ _____

6. 나는 저녁에 목욕을 할 것이다.

   ➜ _____

정답 p.231

58 뭐할 시간이지?

아침식사 시간이었다.
It was breakfast time.

~할 시간이다라는 표현은 'It is time for+명사' 또는 'It is time to+동사원형'으로 표현해요. 아침식사 시간이었다라고 하려면 It was time for breakfast. 또는 It was time to have breakfast.라고 해야 되죠.

아침식사 할 시간이다.		breakfast.
점심식사 할 시간이다.	It is time for	lunch.
저녁식사 할 시간이다.		dinner.
운동할 시간이다.		exercise.
일어날 시간이다.		get up.
영어 공부할 시간이다.	It is time to	study English.
축구할 시간이다.		play soccer.
잠자리에 들 시간이다.		go to bed.

It was time for breakfast.
아침식사 시간이었다.

150

WRITING PRACTICE

A. 다음 빈칸에 들어갈 적절한 말을 써 보세요.

1. 아침식사 할 시간이다.

   It is _____ for breakfast.

2. 점심식사 할 시간이다.

   It is _____ _____ have lunch.

3. 이제 나갈 시간이다.

   Now it is _____ _____ go out.

B. 다음 우리말을 영어로 써 보세요.

4. 저녁식사 할 시간이었다.

   ➜

5. 이제 TV 볼 시간이다. (보다 watch)

   ➜

6. 책 읽을 시간이다.

   ➜

정답 p.231

59 엊그제는? 내일모레는?

엊그제는 엄청 바빴다.

I was busy yesterday yesterday.

오늘은 today고, 어제는 yesterday라고 하는데 엊그제는 뭐라고 할까요? 엊그제는 어제 전날이니까 the day before yesterday라고 해요. 내일모레는 내일 다음날이니까 the day after tomorrow라고 하죠. 아래 시간의 흐름을 잘 따라가 보세요.

엊그제	the day before yesterday
어제	yesterday
어제 아침	yesterday morning
어젯밤	last night
오늘	today
오늘 아침	this morning
오늘 밤	tonight
내일	tomorrow
내일 아침	tomorrow morning
내일모레	the day after tomorrow

I was busy the day before yesterday.

엊그제는 엄청 바빴다.

152

WRITING PRACTICE

A. 다음 빈칸에 들어갈 적절한 말을 써 보세요.

1. 어젯밤에 영화를 봤다.

   I saw a movie ▢▢▢▢▢ ▢▢▢▢▢.

2. 내일모레 할머니 댁에 갈 것이다.

   I will visit my grandmother the day ▢▢▢▢ ▢▢▢▢.

3. 어제 아침에 삼촌이 미국으로 가셨다.

   My uncle went to America ▢▢▢▢▢ ▢▢▢▢▢.

B. 다음 우리말을 영어로 써 보세요.

4. 엊그제 그를 만났다.

   ➡ ▢▢▢▢▢▢▢▢▢▢▢▢▢

5. 오늘 아침에 형과 다투었다. (다투다 quarrel)

   ➡ ▢▢▢▢▢▢▢▢▢

6. 오늘 밤에 친구들에게 전화를 할 것이다.

   ➡ ▢▢▢▢▢▢▢▢▢▢▢

정답 p.231

60 집안일

 내가 상을 차렸다.
I prepared the table.

끝이 없는 집안일을 하느라 힘드신 엄마를 도와서 설거지라도 하는 게 어떨까요? 집안일을 한다고 할 때는 **do the housework**라고 하죠. 설거지를 하다라는 말은 **do the dishes** 또는 **wash the dishes**라고 해요. 상을 차렸다고요? 그럼 **set the table**이라고 하면 돼요.

집안일을 도왔다.	I helped with the housework.
설거지를 했다.	I did the dishes.
내 방을 청소했다.	I cleaned my room.
어지른 것을 깨끗이 치웠다.	I cleaned up the mess.
바닥을 쓸었다.	I swept the floor.
바닥을 걸레로 닦았다.	I wiped off the floor.
진공청소기로 청소했다.	I vacuumed.
쓰레기를 내다 놓았다.	I took out the garbage.
빨래를 했다.	I did the wash.

I set the table.
내가 상을 차렸다.

WRITING PRACTICE

A. 다음 빈칸에 들어갈 적절한 말을 써 보세요.

1. 저녁식사 후에 내가 설거지를 했다.

   I did the _____ after dinner.

2. 어지른 것을 깨끗이 치웠다.

   I _____ up the mess.

3. 쓰레기를 내다 놓았다.

   I _____ _____ the garbage.

B. 다음 우리말을 영어로 써 보세요.

4. 우리 아빠는 집안일을 자주 도와주신다.

   ➜ _____

5. 내 방을 청소했다.

   ➜ _____

6. 빨래를 해야 했다.

   ➜ _____

정답 p.231

61 생일 파티

 그가 케이크의 초를 켰다.

He turned on the candles on the cake.

생일을 맞이했나요? 온 가족이 모여 생일을 축하하기 위해 케이크에 초를 꽂고 불을 붙였나요? 불을 붙이는 것은 light 동사를 사용해요. light는 명사로 빛, 불빛이라는 뜻이 있지만 동사로 쓰이면 불을 붙이다로 쓰여요. 과거형은 lit예요. turn on(켜다)/turn off(끄다)는 스위치를 사용하여 전등이나 전기 기구를 켜거나 끄는 것을 말하죠.

오늘은 나의 생일이다.	Today is my birthday.
우리는 파티를 했다.	We had a party.
그가 케이크에 초를 꽂았다.	He put the candles on the cake.
촛불을 불어 껐다.	I blew out the candles.
그들이 나에게 생일 축하 노래를 불러 주었다.	They sang, 'Happy Birthday' to me.
모두가 내 생일을 축하해 주었다.	Everybody celebrated my birthday.

 He lit the candles on the cake.
그가 케이크의 초를 켰다.

156

WRITING PRACTICE

A. 다음 빈칸에 들어갈 적절한 말을 써 보세요.

1. 모두가 내 생일을 축하해 주었다.

   Everybody _____ my birthday.

2. 우리는 생일 파티를 했다.

   We _____ a birthday party.

3. 그들은 나에게 생일 축하 노래를 불러 주었다.

   They sang, " _____ _____ " to me.

B. 다음 우리말을 영어로 써 보세요.

4. 오늘은 내 생일이다.

   ➡ _____

5. 그가 케이크에 있는 초에 불을 붙였다.

   ➡ _____

6. 내가 촛불을 불어 껐다.

   ➡ _____

정답 p.231

62 감각을 나타내는 동사

 형이 우는 것을 봤다.
I saw my brother cried.

감각동사, 즉 보고 듣고 냄새 맡고 느낀다는 것을 나타내는 동사가 있는 문장은 '감각동사+목적어+동사원형/-ing/과거분사'의 구문으로 나타내요. 형이 우는 것을 봤다고 하려면 I saw my brother cry.로 써야 해요. 목적어 다음에 오는 동사의 형태는 의미에 따라 다르게 쓰여요. 예를 들어, 내 이름이 불리는 것을 들었다고 하려면 ~가 ~되는 것을 듣다이므로 I heard my name called.라고 하면 돼요.

see, look at(보다)		동사원형	~가 ~하는 것을 보다/듣다/냄새 맡다/느끼다
watch(지켜보다)			
hear(듣다)	목적어	현재분사 (-ing)	~가 ~하고 있는 것을 보다/듣다/냄새 맡다/느끼다
listen to(귀 기울여 듣다)			
smell(냄새 맡다)		과거분사	~가 ~되는 것을 보다/듣다/냄새 맡다/느끼다
feel(느끼다)			

 ## I saw my brother cry.
형이 우는 것을 봤다.

A. 다음 빈칸에 들어갈 적절한 말을 써 보세요.

1. 그가 노래하는 것을 귀 기울여 들었다.

   I listened to him　　　　　　.

2. 내 별명이 불리는 것을 들었다.

   I heard my nickname　　　　　　.

3. 누군가가 나를 미는 것을 느꼈다. (밀다 push)

   I felt someone　　　　　　.

B. 다음 우리말을 영어로 써 보세요.

4. 나는 엄마가 웃으시는 소리를 들었다. (웃다 laugh)

   ➡　　　　　　　　　　　

5. 새들이 날아가는 것을 보았다. (새 bird)

   ➡　　　　　　　　　　　

6. 나는 그들이 춤추는 것을 보았다.

   ➡　　　　　　　　　　　

정답 p.232

내 꿈은 아나운서다.
My dream is an announcer.

우리말로는 내 꿈이 아나운서다라고 하면 맞는 말이지만, 영어에서는 내 꿈은 아나운서가 되는 것이다라고 해야 돼요. ~하는 것은 'to+동사원형' 구문으로 표현하고요. 그래서 내 꿈이 ~다라고 이야기할 때는 **My dream is to be ~**라고 해야 해요. 꿈이 아나운서라면 **My dream is to be an announcer.**라고 하면 돼요. 어떤 꿈을 가지고 있는 지 말해 보세요. 장래에 ~가 되고 싶다는 표현은 **I want to be a(an) ~ in the future.**라고 해요.

내 꿈은 기자이다.	My dream is to be a journalist.
내 꿈은 항공승무원이다.	My dream is to be a flight attendant.
내 꿈은 우주 비행사다.	My dream is to be an astronaut.
내 꿈은 세계를 여행하는 것이다.	My dream is to travel all over the world.
장래에 의사가 되고 싶다.	I want to be a doctor in the future.
장래에 요리사가 되고 싶다.	I want to be a chef in the future.

 ## My dream is to be an announcer.
내 꿈은 아나운서다.

A. 다음 빈칸에 들어갈 적절한 말을 써 보세요.

1. 내 꿈은 아나운서다.

   My dream is _____ _____ an announcer.

2. 내 꿈은 연예인이다. (연예인 entertainer)

   My dream is to _____ _____ _____.

3. 나는 장래에 소방관이 되고 싶다. (소방관 fire fighter)

   I want to be a fire fighter _____ _____.

B. 다음 우리말을 영어로 써 보세요.

4. 내 꿈은 간호사다. (간호사 nurse)

   ➜

5. 내 꿈은 패션 디자이너다. (패션 디자이너 fashion designer)

   ➜

6. 나는 장래에 과학자가 되고 싶다.

   ➜

정답 p.232

64 교통수단

나는 버스를 타고 학교에 다닌다.
I go to school riding bus.

교통수단을 나타내는 말인 ~를 타고, ~로는 'by+교통수단 이름'의 형태로 써요. 이때 교통수단 이름 앞에는 a(an)이나 the를 쓰지 않도록 하세요. 버스를 타고로 하려면 by bus라고 하면 돼요. 다른 교통수단으로는 다음과 같은 것들이 있어요.

자동차로	by car
택시로	by taxi
기차를 타고	by train
지하철을 타고	by subway
비행기로	by plane
배를 타고	by ship

I go to school by bus.
나는 버스를 타고 학교에 다닌다.

162

A. 다음 빈칸에 들어갈 적절한 말을 써 보세요.

1. 우리 아빠는 비행기를 타고 일본에 가셨다.

   My dad went to Japan _____ plane.

2. 나는 기차를 타고 여행하고 싶다. (여행하다 travel)

   I want to travel _____ _____.

3. 택시로 거기에 갔다.

   I went there _____ _____.

B. 다음 우리말을 영어로 써 보세요.

4. 우리는 자동차를 타고 박물관에 갔다. (박물관 museum)

   ➡ _____

5. 나는 지하철로 여기에 왔다. (여기에 here)

   ➡ _____

6. 우리는 기차를 타고 부산에 갔다.

   ➡ _____

정답 p.232

65 듣는 것도 상황에 따라

 부모님 말씀을 잘 들을 것이다.
I will hear my parents.

hear는 들으려고 안 해도 그냥 들리는 것을 말하는 동사고, listen to는 주의를 기울여 귀담아 듣는 것을 나타내요. 부모님 말씀을 잘 듣는다는 귀 기울여 듣는다는 말이므로 listen to를 써야 하죠. I will listen to my parents.라고 하면 부모님께서 좋아하시겠네요.

시끄러운 소리를 들었다.	I heard a noisy sound.
우연히 그 소식을 들었다.	I heard the news by chance.
선생님 말씀을 잘 들었다.	I listened to the teacher.
그의 노래를 귀 기울여 들었다.	I listened to his song.

 I will listen to my parents.
부모님 말씀을 잘 들을 것이다.

164

A. 다음 빈칸에 들어갈 적절한 말을 써 보세요.

1. 나는 항상 우리 선생님 말씀을 잘 듣는다.

   I always _____ to my teacher.

2. 나는 이상한 소리를 들었다. (이상한 strange)

   I _____ a strange sound.

3. 나는 그 소식을 듣고 깜짝 놀랐다.

   I was surprised to _____ the news.

B. 다음 우리말을 영어로 써 보세요.

4. 나는 엄마 말씀을 잘 듣지 않는다.

   ➡ _____

5. 그가 내 노래를 귀 기울여 들었다.

   ➡ _____

6. 나는 이상한 소문을 들었다. (소문 rumor)

   ➡ _____

정답 p.232

66 잠자다

어젯밤에는 일찍 잤다.
I slept early last night.

잠자다라는 동사로는 **sleep, go to bed, fall asleep**이 있는데 그 의미가 서로 다르게 쓰여요. **sleep**은 잠을 자고 있는 동작을 나타내는 말이고, **go to bed**는 잠을 자려고 하는 동작, 즉 잠자리에 든다는 표현이고, **fall asleep**은 잠에 빠지는 동작, 즉 잠이 들다라는 것을 나타내요. 일찍 잤다는 것은 일찍 잠자리에 들었다는 말이므로 **sleep**이 아니라 **go to bed**를 써야 하죠.

어제는 많이 잤다.	I slept a lot yesterday.
나는 9시에 잔다.	I go to bed at 9 o'clock.
나는 언제나 늦게 잔다.	I always go to bed late.
잠에 빠져들기가 어려웠다.	It was hard to fall asleep.

I went to bed early last night.
어젯밤에는 일찍 잤다.

WRITING PRACTICE

A. 다음 빈칸에 들어갈 적절한 말을 써 보세요.

1. 나는 항상 7시에 잔다.

   I always _____ to bed at 7 o'clock.

2. 잠을 잘 못 잤다.

   I didn't _____ well.

3. 그 소음 때문에 잠을 잘 수가 없었다. (소음 noise)

   I couldn't _____ _____ because of the noise.

B. 다음 우리말을 영어로 써 보세요.

4. 잠 좀 많이 자고 싶다. (많이 a lot)

   ➜ _____

5. 어제는 늦게 잠자리에 들었다.

   ➜ _____

6. 모기 때문에 잠을 잘 수가 없었다. (모기 mosquito)

   ➜ _____

정답 p.232

지금까지 배운 내용들을 바탕으로 우리 친구 아란이가 그림일기를 썼어요.

집에서

7월 11일, 토요일, 날씨 맑음

오늘은 아침에 일찍 일어났어요. 오늘이 엄마의 생신이었거든요. 나는 엄마를 위해 상을 차렸어요. 아침식사 전에, 엄마의 생일을 축하해 드렸어요. 엄마를 위한 생일 축하 노래도 불렀어요. 엄마가 활짝 웃는 것을 볼 때 우리도 행복했어요. 엄마 말씀을 잘 들을 거라고 마음먹었어요.

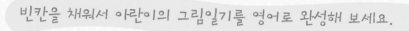 빈칸을 채워서 아란이의 그림일기를 영어로 완성해 보세요.

Today I _____ _____ early in the morning.

Today was my mom's birthday.

I _____ the table for her.

Before breakfast, we _____ her birthday.

We _____, "Happy Birthday" to her.

When we _____ my mom _____, we were happy.

I decided to _____ _____ my mom.

정답 p.232

 **ABC**
birthday 생일 | before ~전에 | breakfast 아침식사 | table 식탁 | celebrate 축하하다
sang 노래했다(sing의 과거) | decide to ~을 결심하다 | listen to ~을 귀 기울여 듣다

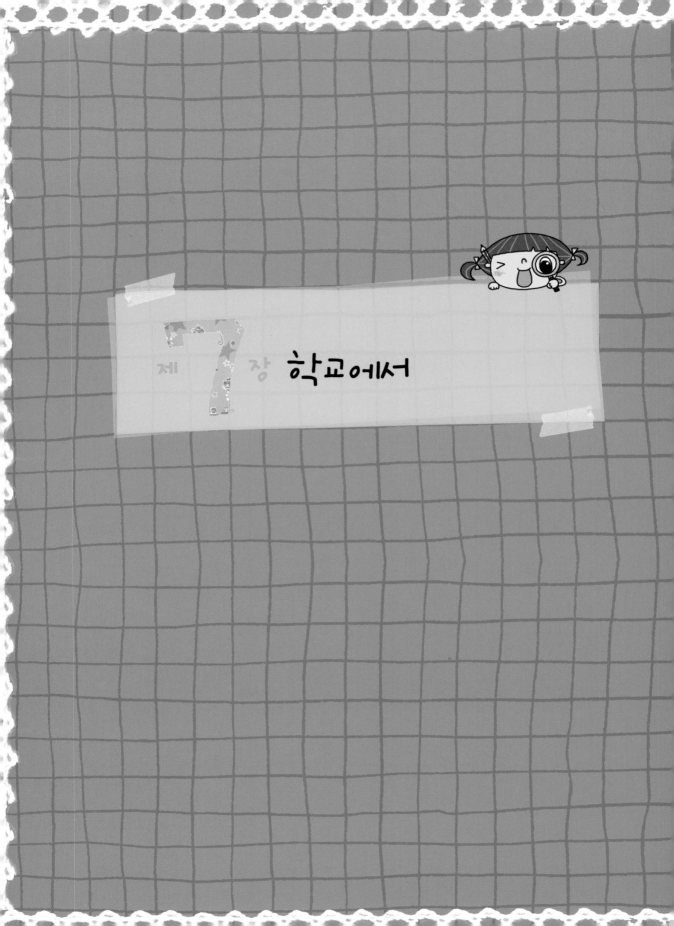

제 **7** 장 학교에서

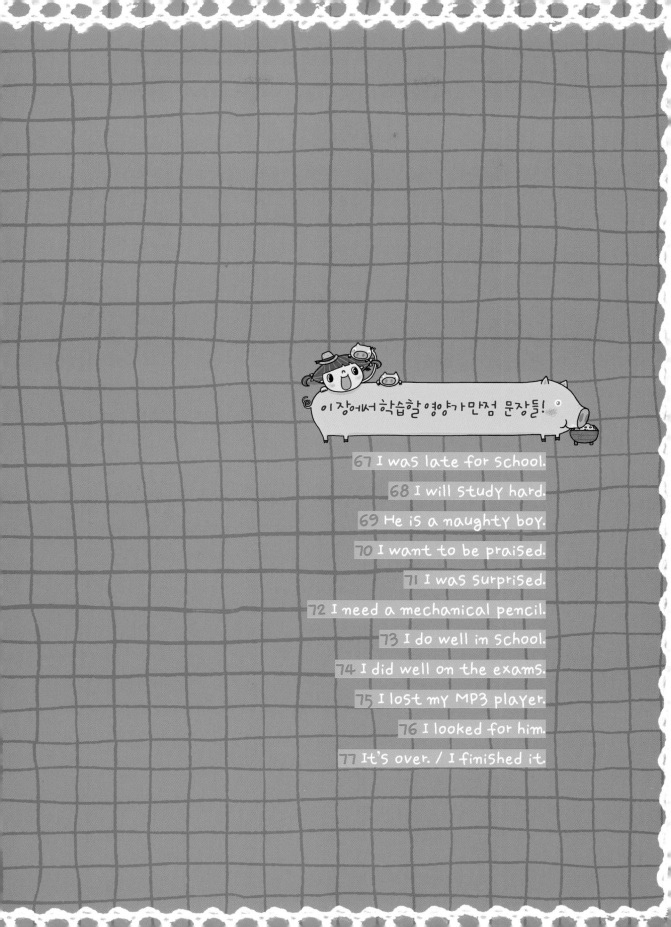

이 장에서 학습할 영양가만점 문장들!

67 I was late for school.

68 I will study hard.

69 He is a naughty boy.

70 I want to be praised.

71 I was surprised.

72 I need a mechanical pencil.

73 I do well in school.

74 I did well on the exams.

75 I lost my MP3 player.

76 I looked for him.

77 It's over. / I finished it

67 학교 출결

학교에 늦었다.
I came to school late.

학교에 늦었으면 또 지각이군요. 학교에 지각했다는 말은 **I was late for school.**로 표현하세요. 학교에 결석했다고 할 때는 **I was absent from school.**이라고 하고, 아파서 못 간다고 학교에 전화할 때는 **I called in sick.**라고 해요. 그리고 조퇴했다는 말은 **I left school early.**라고 해서 학교를 일찍 떠났다라고 하면 돼요. 이런, 수업을 빼먹고 땡땡이를 쳤다고요? 그런 경우는 **I played hooky.**라고 하세요.

오늘은 지각하지 않았다.	Today I wasn't late for school.
나는 가끔 조퇴를 한다.	I sometimes leave school early.
오늘 아침 아파서 못 간다고 전화를 했다.	I called in sick this morning.
아파서 결석을 했다.	I was absent from school because I was sick.
나는 절대 수업을 땡땡이 치지 않는다.	I never play hooky.

학교에 늦었다.

WRITING PRACTICE

A. 다음 빈칸에 들어갈 적절한 말을 써 보세요.

1. 나는 오늘 아파서 학교에 결석했다.

   I was _____ from school because I was sick.

2. 학교에 못 간다고 전화를 했다.

   I called _____ sick.

3. 두통 때문에 학교를 조퇴했다. (두통 headache)

   I _____ school early because of my headache.

B. 다음 우리말을 영어로 써 보세요.

4. 오늘 땡땡이 좀 쳤다.

   ➜ _____

5. 학교에 지각하지 않으려고 노력했다. (노력하다 try to~)

   ➜ _____

6. 그는 학교를 절대 결석하지 않는다.

   ➜ _____

정답 p.232

68 그럼 hardly는 뭐지?

열심히 공부할 거다.
I will study hardly.

장래의 꿈을 이루기 위해서는 그에 관련된 기초 지식을 쌓아 두는 일이 중요하죠. 그렇게 하려면 학교에서 배우는 것이나 자신의 소질을 계발할 수 있는 것들을 자신의 보다 나은 미래를 위한 것이라 생각하고 무엇이든 열심히 해야겠죠. hard는 열심인, 열심히, 즉 형용사, 부사의 두 가지 의미를 다 가지고 있어요. hardly는 ever와 함께 쓰여 거의 ~않다라는 말로 전혀 다른 뜻이 되죠. hardly에 ~않다라는 의미가 포함되어 있으므로 not과 함께 쓰지 않는다는 것에 주의하세요.

더 열심히 공부할 거다.	I will study harder.
아빠는 항상 열심히 일하신다.	My dad always works hard.
그는 거의 공부하지 않는다.	He hardly ever studies.
나는 거의 TV를 안 본다.	I hardly ever watch TV.

I will study hard.
열심히 공부할 거다.

WRITING PRACTICE

A. 다음 빈칸에 들어갈 적절한 말을 써 보세요.

  1. 나는 더 열심히 공부하기로 결심했다. (결심하다 decide)

    I decided to study _____.

  2. 그는 무슨 일이든 열심히 한다.

    He does everything _____.

  3. 나는 거의 그를 만날 수가 없다.

    I can _____ ever meet him.

B. 다음 우리말을 영어로 써 보세요.

  4. 우리 부모님은 항상 열심히 일하신다. (부모님 parents)

    ➜ _____

  5. 나는 거의 친구들과 다투지 않는다. (다투다 quarrel)

    ➜ _____

  6. 나는 그것에 대해 거의 모른다. (~에 대해 about)

    ➜ _____

정답 p.233

69 톰보이가 여자?

그는 개구쟁이다.
He is a tomboy.

수업 시간에 짝꿍과 장난하고, 복도에서 뛰어다니고, 선생님 말씀 잘 안 듣는 그런 개구쟁이를 뭐라고 할까요? 말괄량이 여자아이는 **tomboy**라고 하고, 개구쟁이 남자아이는 **naughty boy**라고 해요. 그리고 말썽만 부리는 문제아는 **troublemaker**라고 하죠. 문제를 일으키는 아이가 되지 말아야겠죠? 그런 개구쟁이들은 어떤 행동들을 하던가요?

그는 나를 자주 귀찮게 한다.	He often annoys me.
그는 수업 중에 짝꿍과 이야기를 한다.	He talks to his partner during class.
그가 책상에 선을 그었다.	He drew a line on the desk.
그가 나를 괴롭힌다.	He bullies me.
그가 내 머리를 자주 잡아당긴다.	He often pulls my hair.
그는 복도에서 항상 뛰어다닌다.	He always runs in the hallway.

He is a naughty boy.
그는 개구쟁이다.

WRITING PRACTICE

A. 다음 빈칸에 들어갈 적절한 말을 써 보세요.

1. 내 동생은 정말 개구쟁이다. (정말 really)

   My brother is a really   boy.

2. 나는 문제아가 되지 않으려고 노력하고 있다.

   I am trying not to be a   .

3. 내 짝꿍은 나를 자주 못살게 군다.

   My partner often   me.

B. 다음 우리말을 영어로 써 보세요.

4. 내 여동생은 말괄량이다.

   →

5. 그는 나를 귀찮게 했다.

   →

6. 우리 사촌은 정말 개구쟁이다.

   →

정답 p.233

70 주는 게 아니라 받는 것

칭찬받고 싶다.
I want to praise.

언제나 말썽만 피우더니 이제 착한 아이가 되어 칭찬받고 싶은 모양이군요. praise는 칭찬하다라는 동사죠. I want to praise.라고 하면 칭찬하고 싶다는 말이에요. 칭찬받는다는 주어가 하는 행동이 아니라 다른 사람에 의해 받는 것이므로, 이럴 땐 수동태를 써야 해요. 수동태는 'be+과거분사 (by −)'의 형태로 (~에 의해) ~되다, ~받다, ~당하다의 의미를 나타내요. I want to be praised.라고 해야 칭찬받고 싶다는 말이 돼요. 칭찬받고 싶었는데 꾸중을 들었다면 I was scolded.라고 하고, 벌을 받았다면 I was punished.라고 하면 돼요.

The teacher praised me. 선생님께서 나를 칭찬하셨다.

I was praised by the teacher. 선생님께 칭찬을 받았다.

I want to be praised.
칭찬받고 싶다.

WRITING PRACTICE

A. 다음 빈칸에 들어갈 적절한 말을 써 보세요.

1. 나는 매일 꾸중을 듣는다.

   I _____ every day.

2. 오늘은 선생님께 칭찬을 받았다.

   I _____ by the teacher today.

3. 엄마에게 벌을 받고 싶지 않았다.

   I didn't want to _____ by my mom.

B. 다음 우리말을 영어로 써 보세요.

4. 오늘 꾸중을 들었다.

   ➜

5. 우리 선생님께 벌을 받았다.

   ➜

6. 이제는 칭찬받고 싶다. (이제는 now)

   ➜

정답 p.233

71 감정 표현 어떻게 하죠?

깜짝 놀랐다.
I surprised.

surprise는 ~를 놀라게 하다라는 말이죠. 깜짝 놀랐다는 말은 내가 놀라게 한 것이 아니라 다른 것에 의해 놀라움을 당한 것이므로 수동태로 써야 해요. 이렇게 기분이나 감정을 나타내는 동사들은 대부분 즐겁게 하다(please), 실망시키다(disappoint), 우울하게 하다(depress)처럼 ~하게 하다라는 의미이므로 수동태로 써야 하는 경우가 많아요.

기쁘다, 즐겁다	be delighted / be pleased
흥분하다	be excited
놀라다	be surprised / be shocked
무서워하다	be scared / be frightened
당황하다	be upset / be embarrassed
짜증나다	be annoyed / be irritated

I was surprised.
깜짝 놀랐다.

A. 다음 빈칸에 들어갈 적절한 말을 써 보세요.

1. 그 뉴스를 듣고 기뻤다.

   I   to hear the news.

2. 그 영화를 볼 때 무서웠다.

   I   when I saw the movie.

3. 그의 옷을 보고 깜짝 놀랐다.

   I   to see his clothes.

B. 다음 우리말을 영어로 써 보세요.

4. 그를 만나서 기뻤다.

   ➡

5. 그 때문에 짜증이 났다. (~ 때문에 because of)

   ➡

6. 나는 흥분하지 않았다.

   ➡

정답 p.233

72 문구 이름 제대로 쓰기

샤프펜슬이 필요했다.
I need a sharp pen.

우리가 흔히 말하는 샤프펜슬은 영어로 **mechanical pencil**이라고 해요. 깎아 쓰는 연필이 아니라 기계적인 동작에 의해 연필심이 나오기 때문이죠. 볼펜은 **ballpoint pen**이고, 사인펜은 **felt-tip pen**, 형광펜은 **highlighter**, 매직펜은 **marker**라고 해요. 이외에도 우리가 잘못 사용하는 문구 이름은 다음과 같아요.

호치키스	stapler
화이트	whiteout
크레파스	crayon
노트	notebook
노트북	laptop computer
스탠드	desk lamp

I need a mechanical pencil.
샤프펜슬이 필요했다.

182

A. 다음 빈칸에 들어갈 적절한 말을 써 보세요.

1. 그가 나에게 볼펜을 빌려 주었다. (빌려 주다 lend)

   He lent me a _____ pen.

2. 나는 공부할 때 형광펜을 자주 사용한다.

   I often use a _____ when I study.

3. 가방에 노트 두 권이 있었다.

   There were two _____ in the bag.

B. 다음 우리말을 영어로 써 보세요.

4. 샤프펜슬을 샀다.

   ➡

5. 노트를 빌려야 했다. (빌리다 borrow)

   ➡

6. 아빠가 나에게 노트북을 사 주셨다.

   ➡

정답 p.233

73 나도 공부 잘하고 싶어요

공부를 잘한다.
I study well.

study가 공부하다라는 뜻이라고 해서 공부를 잘한다는 표현을 study well이라고 하면 안 됩니다. study well이라고 하면 좋은 자세로 또는 열심히 공부한다는 말이에요. 학습 내용을 잘 받아들여 성적이 좋다는 의미의 공부를 잘한다는 말은 **I do well in school.**이라고 합니다. 공부를 못하는 경우는 I do poorly in school.이라고 하고요. 하지만 어떤 과목을 잘하거나 못할 때는 be good at ~, be poor at ~을 사용합니다.

나는 공부를 잘하고 싶다.	I want to do well in school.
나는 공부를 못한다.	I do poorly in school.
나는 영어 과목을 잘한다.	I am good at English.
나는 수학 과목을 잘한다.	I am good at math.
나는 과학을 잘 못한다.	I am poor at science.

I do well in school.
공부를 잘한다.

WRITING PRACTICE

A. 다음 빈칸에 들어갈 적절한 말을 써 보세요.

1. 나는 모든 과목을 잘한다. (과목 subject)

   I am _____ at all the subjects.

2. 우리 형은 공부를 잘한다.

   My brother _____ in school.

3. 나는 수학 과목을 잘하고 싶다.

   I want to be _____ math.

B. 다음 우리말을 영어로 써 보세요.

4. 학교에서 공부 좀 잘하고 싶다.

   ➜ _____

5. 나는 영어 과목을 잘하고 싶다.

   ➜ _____

6. 내 동생은 공부를 못한다.

   ➜ _____

74 제일 싫은 시험

시험을 잘 봤다.
I saw the exam well.

시험을 본다고 할 때 본다는 말을 그대로 영어로 옮겨서 동사 **see**를 사용하면 안 되죠. ~를 치루다의 의미를 나타내는 **take** 또는 **have**를 사용하여 **take the exam(s)**, 또는 **have the exam(s)**으로 해야 해요. 그리고 시험을 잘 보았다는 말은 **do well on the exam(s)**, 시험을 망쳤다는 말은 **mess up on the exam(s)**라고 해요. 그리고 중간고사는 **mid-term exams**, 기말고사는 **final exams**라고 하고요.

오늘 기말고사를 보았다.	I took my final exams today.
영어 시험을 보았다.	I had an English exam.
수학 시험을 잘 봤다.	I did well in math.
시험을 망쳤다.	I messed up on the exams.
시험을 잘 보기를 바랐다.	I hoped to do well on the exams.

I did well on the exams.
시험을 잘 봤다.

A. 다음 빈칸에 들어갈 적절한 말을 써 보세요.

1. 내일 중간고사를 본다.

   I will _____ my mid-term exams tomorrow.

2. 수학 시험을 보았다.

   I _____ a math exam.

3. 영어 시험을 잘 봤다.

   I _____ in English.

B. 다음 우리말을 영어로 써 보세요.

4. 오늘 기말고사를 보았다.

   ➜

5. 시험을 잘 보고 싶었다.

   ➜

6. 시험을 망쳤다.

   ➜

정답 p.233

MP3를 잃어버렸다.
I forgot my MP3 player.

벌써 건망증이 심해서 큰일이에요. 어딜 가면 꼭 하나씩 빠트리고 오거나 잃어버리니 어찌해야 할까요? 오늘 MP3 player를 잃어버렸다고요? 그런데 I forgot my MP3 player.라고 하면 MP3 가져오는 것을 잊었다는 말이에요. 잊은 게 아니라 잃어버린 거라면 lose를 사용해야 하죠. 과거형은 lost고요. 물건을 잃어버렸을 때는 lose, 기억에서 잊는 것은 forget이라고 하니 꼭 구분하세요.

나는 건망증이 있다.	I am forgetful.
우산을 잃어버렸다.	I lost my umbrella.
나는 자주 열쇠를 잃어버린다.	I often lose my keys.
지하철에서 지갑을 잃어버렸다.	I lost my wallet in the subway.
나는 그의 이름을 잊었다.	I forgot his name.

I lost my MP3 player.
MP3를 잃어버렸다.

WRITING PRACTICE

A. 다음 빈칸에 들어갈 적절한 말을 써 보세요.

1. 책을 한 권 잃어버렸다.

   I   a book.

2. 돈을 좀 잃어버렸다.

   I   some money.

3. 그의 전화번호를 잊었다.

   I   his phone number.

B. 다음 우리말을 영어로 써 보세요.

4. 디지털카메라를 잃어버렸다. (디지털 카메라 digital camera)

   →

5. 나는 자주 가방을 잃어버린다.

   →

6. 그의 별명을 잊었다. (별명 nickname)

   →

정답 p.233

76 찾는 것도 제대로

그를 찾아보았다.
I found him.

우리말로 찾다에 해당하는 영어 표현은 look for와 find가 있어요. 하지만 그 뜻은 서로 차이가 있기 때문에 구분해서 사용해야 해요. look for는 어떤 것을 찾는 동작이나 과정을 나타내는 말로 찾아보다의 의미이고, find는 look for하는 동작 후의 결과로 찾다, 발견하다를 나타내는 말이에요. 그를 찾아보았다고 하려면 I looked for him.이라고 해야죠. I found him.은 그를 이미 찾았다는 말이에요.

잃어버린 열쇠를 찾아보았다.	I looked for my lost key.
여기저기 그것을 찾아보았다.	I looked for it here and there.
그를 찾을 수가 없었다.	I couldn't find him.
드디어 열쇠를 찾았다.	Finally I found the key.
그것을 찾아서 기뻤다.	I was happy to find it.

그를 찾아보았다.

190

A. 다음 빈칸에 들어갈 적절한 말을 써 보세요.

1. 잃어버린 책을 찾아보았다.

I   my lost book.

2. 한 시간 동안 그것을 찾았다.

I   it for one hour.

3. 그것을 찾을 수가 없었다.

I couldn't   it.

B. 다음 우리말을 영어로 써 보세요.

4. 나는 그 가게를 찾아보았다. (가게 shop)

   ➡

5. 그 가게를 찾을 수가 없었다.

   ➡

6. 드디어 그것을 찾았다.

   ➡

정답 p.233

77 야호, 다 끝났어요

이제 끝이다.
Finish.

과제나 어떤 활동을 끝냈을 때 Finish!라고 하면서 좋아하는 경우가 많은데 이는 적절한 영어 표현이 아니에요. It is over.라고 하던지 I finished it.이라고 하세요. be over라는 말이 끝나다라는 표현이에요. 수업이 끝났다고 하려면 The class is over.라고 하면 되죠. finish는 끝내다라는 말이므로 그 일을 끝마쳤다라는 말로 표현하려면 완전한 문장으로 I finished it.이라고 해야 해요.

경기가 끝났다.	The game is over.
지루한 수업이 끝났다.	The boring class is over.
숙제를 끝냈다.	I finished my homework.
드디어 모든 일을 끝냈다.	Finally, I finished everything.
저녁식사를 빨리 끝냈다.	I quickly finished my dinner.

It's over. / I finished it.
이제 끝이다.

A. 다음 빈칸에 들어갈 적절한 말을 써 보세요.

1. 수업이 끝났다.

   The class _____.

2. 5시에 게임이 끝났다.

   The game _____ at 5 o'clock.

3. 10시에 숙제를 끝냈다.

   I _____ my homework at 10 o'clock.

B. 다음 우리말을 영어로 써 보세요.

4. 모든 일을 끝냈다.

   ➡

5. 3시에 점심식사를 끝마쳤다.

   ➡

6. 재미있는 수업이 끝났다. (재미있는 interesting)

   ➡

정답 p.234

지금까지 배운 내용들을 바탕으로 우리 친구 아란이가 그림일기를 썼어요.

학교에서

7월 17이, 목요이, 날씨 흐림

나는 민수를 매우 좋아해요. 그는 학교에서 공부를 잘 해요. 그는 거의 지각도 하지 않아요. 그는 자주 선생님께 칭찬을 받아요. 오늘은 그가 휴대폰을 잃어버렸지 뭐예요. 우리는 함께 그것을 찾아보았지만 찾을 수가 없었어요. 내일은 시험을 봐요. 시험을 잘 볼 수 있으면 좋겠어요.

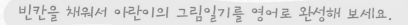

빈칸을 채워서 아란이의 그림일기를 영어로 완성해 보세요.

I _____ Minsu very much.

He _____ _____ in school.

He is _____ ever late for school.

He _____ often _____ by the teacher.

Today, he _____ his cell phone.

We _____ _____ it together, but we couldn't find it.

Tomorrow we'll _____ the exams.

I hope to _____ _____ on the exams.

정답 p.234

ABC

much 무척 | hardly 거의 ～ 아니다 | late 늦은 | often 자주 | praise 칭찬하다
cell phone 핸드폰 | together 함께 | exam 시험 | hope 희망하다

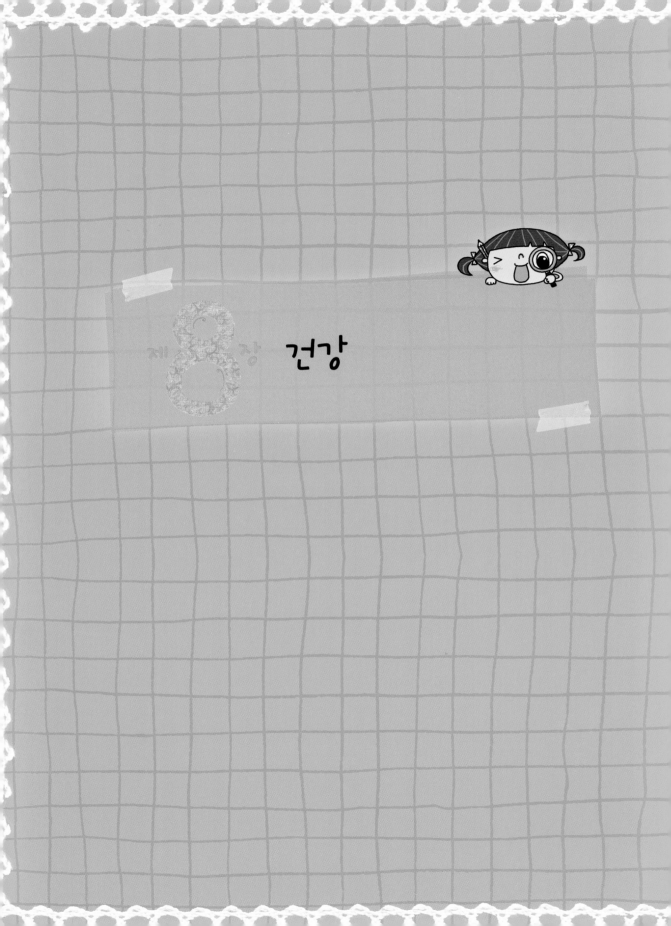

제 8 장 건강

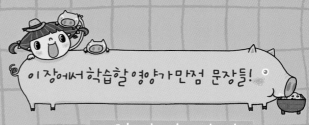

이 장에서 학습할 영양가 만점 문장들!

I had a headache.

I have a fever.

I have a runny nose.

My eyesight is bad.

I am allergic to cats.

I threw up.

I broke my leg. / My leg was broken.

I went to see the doctor.

I took the medicine after dinner.

I got stressed.

I ran on the treadmill.

78 통증 말하기

머리가 아팠다.
My head hurt.

배가 아프다, 머리가 아프다처럼 어느 부위가 아플 때는, 그 부위의 통증을 나타내는 말, 즉, 복통(stomachache), 치통(toothache), 두통(headache), 요통(backache), 귀 통증(earache), 편두통(migraine) 앞에 have 동사를 써서 나타내요. 그래서 머리가 아팠다는 말은 I had a headache.라고 하죠.

머리가 아팠다.	I had a headache.
배가 아팠다.	I had a stomachache.
이가 아팠다.	I had a toothache.
허리가 아팠다.	I had a backache.
편두통이 있었다.	I had a migraine.

머리가 아팠다.

WRITING PRACTICE

A. 다음 빈칸에 들어갈 적절한 말을 써 보세요.

1. 오늘 아침에 머리가 아팠다.

   I _____ a headache this morning.

2. 이가 아파서 치과에 갔다. (치과 dentist's)

   I went to the dentist's because I had a _____.

3. 배가 아파서 결석을 했다.

   I was absent from school because I had a _____.

B. 다음 우리말을 영어로 써 보세요.

4. 나는 가끔 두통이 있다. (가끔 sometimes)

   ➔ _____

5. 저녁식사 후에 이가 아팠다.

   ➔ _____

6. 귀가 아팠다.

   ➔ _____

정답 p.234

79 지긋한 감기, 떨쳐버리고 싶다

열이 난다.
It is hot.

감기에 걸리면 이런 저런 증상이 많이 나타나죠. 콧물도 흐르고, 열도 나고, 재채기도 나죠. 감기에 걸렸다는 말은 **I have a cold.**라고 해요. cold가 추운이라는 뜻의 형용사지만 명사로는 감기라는 뜻이 있어요. 몸에 열이 난다고 **It is hot.**이라고 하면 날씨가 덥다는 말이 돼요. 몸이 열이 나는 경우에는 **I have a fever.**라고 하면 돼요. 이외에도 감기 증상을 나타내는 표현으로는 다음과 같은 것들이 있어요.

감기에 걸렸다.	I have a cold.
열이 난다.	I have a fever.
열이 많이/조금 난다.	I have a high/slight fever.
기침이 난다.	I have a cough. / I cough.
재채기가 나온다.	I sneeze.
목이 아프다.	I have a sore throat.

열이 난다.

200

WRITING PRACTICE

A. 다음 빈칸에 들어갈 적절한 말을 써 보세요.

1. 감기에 걸렸다.

   I have a _____ .

2. 재채기를 자주 한다.

   I often _____ .

3. 열이 조금 있다.

   I have a slight _____ .

B. 다음 우리말을 영어로 써 보세요.

4. 기침이 난다.

   → _____

5. 목이 아프다.

   → _____

6. 열이 많이 난다.

   → _____

정답 p.234

80 코 관련 표현

콧물이 줄줄 흐른다.
Nose water runs.

코감기에 걸리면 콧물이 흐르고, 코가 막혀서 고생을 많이 하죠. 코감기에 걸렸다는 말은
I have a head cold.라고 해요. 콧물이 줄줄 흐르는 경우에는 I have a runny nose.라고 표
현하죠. runny가 콧물이 흐르는의 뜻을 가지고 있거든요. 이외에도 코와 관련된 표현으로는
어떤 것이 있을까요?

코감기에 걸렸다.	I have a head cold.
콧물이 난다.	I have a runny nose.
코를 풀었다.	I blew my nose.
코가 막힌다.	My nose is stuffed up.
코를 훌쩍거렸다.	I sniffled.
나는 비염이 있다.	I have an inflamed nose.

I have a runny nose.
콧물이 줄줄 흐른다.

A. 다음 빈칸에 들어갈 적절한 말을 써 보세요.

1. 코감기에 걸렸다.

   I have a head _____ .

2. 콧물이 줄줄 흐른다.

   I have a _____ nose.

3. 코가 막혔다.

   My nose is _____ _____ .

B. 다음 우리말을 영어로 써 보세요.

4. 코를 풀었다.

   ➜ _____

5. 하루 종일 훌쩍거렸다. (하루 종일 all day)

   ➜ _____

6. 나는 비염이 있다.

   ➜ _____

정답 p.234

81 눈 관련 표현

눈이 나쁘다.
My eyes are bad.

눈이 나쁘다는 것은 시력이 나쁘다는 말이죠. 시력은 영어로 eyesight라고 해요. 그래서 눈이 나쁘다는 말은 My eyesight is bad.라고 해야 해요. 눈이 좋으면 My eyesight is good. 이라고 하면 되죠. 눈에 다래끼가 났다고요? 다래끼를 sty라고 하니까 I have a sty in my eye.라고 하면 되겠네요. 이외에도 눈과 관련된 표현으로는 다음과 같은 것들이 있어요.

나는 근시이다.	I am near sighted.
나는 원시이다.	I am far sighted.
나는 색맹이다.	I am color-blind.
다래끼가 났다.	I have a sty in my eye.
눈이 충혈되었다.	My eyes are bloodshot.
눈이 껄끄럽다.	My eyes felt sandy.

My eyesight is bad.
눈이 나쁘다.

WRITING PRACTICE

A. 다음 빈칸에 들어갈 적절한 말을 써 보세요.

1. 나는 시력이 좋다.

   My _____ is good.

2. 나는 근시이다.

   I am _____ sighted.

3. 오른쪽 눈에 다래끼가 났다.

   I have a _____ in my right eye.

B. 다음 우리말을 영어로 써 보세요.

4. 나는 눈이 나쁘다.

   ➜

5. 눈이 충혈되었다.

   ➜

6. 그는 색맹이다.

   ➜

정답 p.234

82 영어로는 알러지

나는 고양이 알레르기가 있다.
I have a cat allergy.

우리가 흔히 말하는 알레르기, 즉 allergy는 영어로 알러지라고 발음해요. ~에 알레르기가
있다라는 말은 be allergic to ~ 또는 have an allergy to ~ 구문으로 나타내요. 고양이
알레르기가 있으면 I am allergic to cats. 또는 I have an allergy to cats.라고 하면 되죠.
어떤 특별한 것에 알레르기가 있는지 이야기해 보세요.

생선 알레르기가 있다.	I am allergic to fish.
복숭아 알레르기가 있다.	I am allergic to peaches.
우유 알레르기가 있다.	I am allergic to milk.
먼지 알레르기가 있다.	I am allergic to dust.
꽃가루 알레르기가 있다.	I am allergic to pollen. I have a hay fever.

I am allergic to cats.
나는 고양이 알레르기가 있다.

A. 다음 빈칸에 들어갈 적절한 말을 써 보세요.

1. 나는 꽃가루 알레르기가 있다.

   I am allergic _____ pollen.

2. 나는 강아지 털 알레르기가 있다. (털 hair)

   I am _____ to puppy hair.

3. 나는 돼지고기 알레르기가 있다. (돼지고기 pork)

   I am _____ pork.

B. 다음 우리말을 영어로 써 보세요.

4. 나는 생선 알레르기가 있다.

   ➜

5. 나는 우유 알레르기가 있다.

   ➜

6. 그는 자두 알레르기가 있다. (자두 plum)

   ➜

정답 p.234

83 배가 아파요

토했다.
I overeat.

식중독인지, 체했는지 모르겠지만 배가 아프고 속이 울렁거리더니 토하고 말았어요. 토했다는 말을 보통 오바이트했다고 해서 **I overeat.**이라고 하면 안 돼요. overeat는 토하다가 아니라 과식하다라는 말이에요. 토하다는 **throw up**이라고 하므로 토했다고 하려면 **I threw up.**이라고 해야겠죠. 다음은 배가 아플 경우의 증세에 대한 표현이에요.

식중독에 걸렸다.	I got food poisoning.
소화불량이었다.	I had indigestion.
속이 울렁거렸다.	I felt queasy.
토할 것 같았다.	I felt like throwing up.
배가 더부룩했다.	I felt bloated.
설사가 났다.	I had diarrhea.

I threw up.
토했다.

A. 다음 빈칸에 들어갈 적절한 말을 써 보세요.

1. 식중독에 걸린 것 같았다. (~인 것 같다 seem to)

   I seemed to get   poisoning.

2. 토할 것 같았다.

   I felt like   up.

3. 배가 더부룩했다.

   I felt   .

B. 다음 우리말을 영어로 써 보세요.

4. 소화불량이었다.

   ➜

5. 결국은 토했다.

   ➜

6. 설사를 했다.

   ➜

정답 p.235

84 목발로 걸어요

다리가 부러졌다.
My leg broke.

다리나 팔이 부러지는 골절상을 입었다면 깁스도 해야 하고, 목발로 걸어야 하고 한동안 힘들게 다녀야 하죠. 다리가 부러졌다면 부러트리다라는 break를 사용하여 I broke my leg. 또는 My leg was broken.이라고 해요. 그냥 다리를 다쳤다고 하려면 I hurt my leg.라고 하면 돼요. 발목을 접질러서 삐었다면 I sprained my ankle.이라고 해요. 이외에도 부상과 관련된 표현들로 다음과 같은 것들이 있어요.

넘어졌다.	I fell down.
손가락을 베었다.	I cut my finger.
팔걸이 붕대를 하고 있다.	My arm is in a sling.
다리에 깁스를 했다.	My leg is in a cast.
목발로 걸어 다닌다.	I walk on crutches.
깁스를 풀었다.	I had my cast removed.

I broke my leg. / My leg was broken.
다리가 부러졌다.

210

WRITING PRACTICE

A. 다음 빈칸에 들어갈 적절한 말을 써 보세요.

1. 축구를 하다가 다리를 다쳤다.

   I   my leg while playing soccer.

2. 오른쪽 팔이 부러졌다.

   My right arm   .

3. 팔걸이 붕대를 하고 있다.

   My arm is in a   .

B. 다음 우리말을 영어로 써 보세요.

4. 왼쪽 다리가 부러졌다. (왼쪽 left)

   ➜

5. 다리에 깁스를 했다.

   ➜

6. 목발로 걸어 다닌다.

   ➜

정답 p.235

85 병원에서

(진찰받으러) 병원에 갔다.
I went to the hospital.

I went to the hospital.이라고 하면 틀린 표현은 아니지만, 이렇게 말하면 병문안을 간 것인지 진찰을 받으러 간 것인지가 나타나 있지 않고 그저 병원 건물에 갔다는 것만 나타내요. 아파서 병원에 진찰받으러 갔다면 I went to see the doctor.라고 해야 돼요. 여기에서 see the doctor는 진찰받다라는 의미입니다. 병원에서는 어떤 일들을 하나요?

간호사가 내 체온을 쟀다.	The nurse took my temperature.
나의 증상을 설명했다.	I described my symptoms.
의사가 내 입 안을 들여다보았다.	The doctor looked into my throat.
주사를 맞았다.	I got a shot.
처방전을 받았다.	I got a prescription.
빨리 나으면 좋겠다.	I hope to get well soon.

I went to see the doctor.
(진찰받으러) 병원에 갔다.

WRITING PRACTICE

A. 다음 빈칸에 들어갈 적절한 말을 써 보세요.

1. 엄마와 함께 병원에 갔다.

   I went to ________ the doctor with mom.

2. 주사 맞을 때 무서웠다.

   I was scared when I got a ________.

3. 빨리 나으면 좋겠다.

   I hope to ________ ________ soon.

B. 다음 우리말을 영어로 써 보세요.

4. 병원에 가야 했다. (~해야 하다 have to)

   ➜ ________

5. 주사 맞고 싶지 않았다.

   ➜ ________

6. 처방전을 받았다.

   ➜ ________

정답 p.235

86 먹기 싫은 쓴 약

저녁식사 후에 약을 먹었다.
I ate the medicine after dinner.

ate는 먹다라는 의미의 동사 eat의 과거형이죠. 그런데 eat이나 have는 일반적인 음식을 먹을 때 사용하고, 약을 먹을 때는 take를 써야 해요. 그래서 약을 먹었다고 하려면 I took the medicine.이라고 해야 돼요. 약은 보통 하루에 두 번 또는 세 번 먹죠. 하루에 두 번은 twice a day, 하루에 세 번은 three times a day라고 해요. 6시간마다 먹는 약이라면 every six hours라고 하면 되고요.

하루에 두 번 약을 먹었다.	I took the medicine twice a day.
6시간마다 약을 먹었다.	I took the medicine every six hours.
알약을 세 개 먹었다.	I took three pills.
약이 매우 썼다.	The medicine was very bitter.
손에 연고를 조금 발랐다.	I applied some ointment to my hand.

I took the medicine after dinner.
저녁식사 후에 약을 먹었다.

214

A. 다음 빈칸에 들어갈 적절한 말을 써 보세요.

1. 나는 약을 먹고 싶지 않았다.

   I didn't want to _____ the medicine.

2. 하루에 세 번 약을 먹어야 했다.

   I had to take the medicine _____ a day.

3. 약이 너무 썼다.

   The medicine was too _____ .

B. 다음 우리말을 영어로 써 보세요.

4. 10시간마다 약을 먹었다.

   ➡ _____

5. 시럽이 달콤했다. (달콤한 sweet 시럽 syrup)

   ➡ _____

6. 손가락에 연고를 조금 발랐다. (손가락 finger)

   ➡ _____

정답 p.235

87 스트레스

스트레스를 받았다.
I received stress.

receive는 받다라는 뜻이 있긴 하지만, 스트레스를 받는다고 할 때는 receive를 쓰지 않고 get stressed라고 해요. 따라서 I got stressed.라고 해야겠죠. ~에게 스트레스를 주다는 stress ~ out으로 표현해요. 예를 들어 그가 나에게 스트레스를 주었다라고 할 때는 He stressed me out.이라고 하죠. 받은 스트레스는 꼭 푸는 게 좋죠. 스트레스를 풀다는 말은 relieve stress라고 해요.

숙제 때문에 스트레스를 받았다.	I got stressed because of my homework.
그가 가끔 나에게 스트레스를 준다.	He often stresses me out.
시험은 언제나 나에게 스트레스를 준다.	The exams always stress me out.
스트레스 좀 풀어야겠다.	I need to relieve my stress.
스트레스를 풀려고 노래를 불렀다.	I sang to relieve my stress.

I got stressed.
스트레스를 받았다.

216

A. 다음 빈칸에 들어갈 적절한 말을 써 보세요.

1. 가끔 나는 동생 때문에 스트레스를 받는다.

   I often get _____ because of my sister.

2. 나는 친구들에게 스트레스를 주지 않으려고 노력한다.

   I try not to _____ my friends _____.

3. 스트레스를 풀려고 컴퓨터 게임을 했다.

   I played computer games to _____ my stress.

B. 다음 우리말을 영어로 써 보세요.

4. 컴퓨터 때문에 스트레스를 받았다.

   ➡

5. 그들이 나에게 스트레스를 주었다.

   ➡

6. 스트레스를 좀 풀어야겠다.

   ➡

정답 p.235

88 운동

러닝머신에서 달리기를 했다.
I ran on the running machine.

달리기 운동을 할 수 있는 운동기구를 러닝머신이라고 하는데, 이는 영어 표현이 아니에요. running machine이라고 하면 달리고 있는 기계라는 말이 돼요. 우리가 러닝머신이라고 부르는 운동기구는 treadmill이에요. 이외의 운동기구로는 역기 들기(bench press), 노 젓기 운동기구(rowing machine), 운동용 자전거(stationary bike), 아령(dumbbell), 들어올리기 운동기구(lifting machine) 등이 있죠. 달리기 운동 말고 또 어떤 운동을 하나요?

아령을 가지고 운동을 한다.	I exercise with dumbbells.
역기를 든다.	I lift weights.
팔 굽혀 펴기를 10번씩 한다.	I do 10 push-ups.
턱걸이를 10번 한다.	I do 10 pull-ups.
윗몸 일으키기를 50번씩 한다.	I do 50 sit-ups.
운동용 자전거를 한 시간씩 탄다.	I ride the stationary bike for one hour.

I ran on the treadmill.
러닝머신에서 달리기를 했다.

218

A. 다음 빈칸에 들어갈 적절한 말을 써 보세요.

1. 나는 매일 한 시간씩 운동을 한다.

   I _____ for one hour every day.

2. 나는 저녁마다 팔 굽혀 펴기를 100번씩 한다.

   I do 100 _____ every evening.

3. 오늘 운동용 자전거를 30분 탔다. (30분 half an hour)

   I _____ the stationary bike for half an hour.

B. 다음 우리말을 영어로 써 보세요.

4. 나는 매일 러닝머신에서 달리기를 한다.

5. 나는 매일 턱걸이를 10번씩 한다.

6. 윗몸 일으키기를 20번 했다.

정답 p.235

지금까지 배운 내용들을 바탕으로 우리 친구 아란이가 그림일기를 썼어요.

건강

7월 25일, 금요일, 날씨 흐림

나는 아무래도 몸이 약한 것 같아요. 스트레스를 받으면 머리가 아파요. 날씨가 좀 추우면 콧물이 줄줄 나고요. 우유를 마시면 설사가 나요. 먼지 알레르기가 있어서 재채기도 자주 해요. 나는 병원에 가는 것을 매우 싫어하거든요. 건강을 위해서 운동을 좀 할 필요가 있어요.

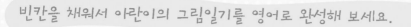

빈칸을 채워서 아란이의 그림일기를 영어로 완성해 보세요.

I _____ to be weak.

When I get _____, I have a headache.

When it is cold, I have a _____ nose.

When I drink milk, I _____ diarrhea.

I am allergic to dust, so I often _____.

I hate to _____ _____ _____ the doctor.

I _____ _____ exercise for health.

정답 p.235

ABC

weak 약한 | stress 스트레스 | headache 두통 | drink 마시다 | diarrhea 설사 | dust 먼지
allergic 알레르기의 | often 자주 | hate 싫어하다 | exercise 운동하다 | health 건강

영작문 쓰기의 정답을 한번 확인해 볼까요~

5 나는 다음 주에 스키를 탈 것이다.   I will ski next week.
6 나는 내년에 다이빙을 할 것이다.   I will dive next year.

08 단어와 문장을 연결해요 p 31

1 and 2 but 3 or   4 The bag is small but heavy.
5 I am busy, so I can't go to the party. 6 She is pretty and smart.

09 문장을 더 구체적으로 이야기해요 p 33

1 As soon as 2 If 3 Though 4 When I am bored, I play computer games.
5 If I am not busy, I will help him. 6 I was really sorry because I was late.

10 어디에 있나요? p 35

1 in 2 under 3 between   4 The puppy was behind the curtain.
5 He was next to me. 6 I went to the airport in Incheon.

11 때를 나타낼 때는? p 37

1 at, on 2 in 3 during   4 I came back before 5 o'clock.
5 I will go to America in December. 6 I read the book for three hours.

REVIEW p 39

I like English.
My mom likes English, too.
English is interesting for me.
When I listen to English, my mom reads English books.
I always have English books in my bag.
I will be able to speak in English soon.

12 우리말에 없는 말 p 43

1 reporter → a reporter   2 a students → students
3 an comic book → a comic book   4 My mom is an English teacher.
5 I have an apple. 6 I have a puppy.

13 정해진 바로 그것 p 45

1 the 2 the 3 the   4 I prepared the food.
5 I wipe the table. 6 I help my mom in the kitchen.

14 그건 지난 일 **p 47**

   1 drank   2 had   3 ate   4 We cooked dinner.
   5 We made spaghetti.   6 Today I did the dishes.

15 앞으로 할 일 **p 49**

   1 will   2 am going to   3 was about to   4 My family will eat out.
   5 I am going to order beef steak.   6 I was about to eat dessert.

16 그렇지 않다고 말하기 **p 51**

   1 don't   2 didn't   3 doesn't eat   4 I don't like fish.
   5 I am not picky about food.   6 I won't eat junk food.

17 한 개인지, 여러 개인지 구분하기 **p 53**

   1 egg → eggs   2 potatoes → potato   3 cookie → cookies   4 I broke a cup.
   5 I ate some oranges.   6 I know a lot of recipes.

18 이게 왜 셀 수 없어? **p 55**

   1 paper   2 sugar   3 bread   4 cheese   5 juice
   6 glasses   7 a piece   8 three pieces of

19 식사 이름은 have하자 **p 57**

   1 My family has breakfast at 7 o'clock.   2 I don't skip breakfast.
   3 I had a light dinner.   4 the lunch → lunch
   5 doesn't skip → skips   6 heavy dinner → a heavy dinner

20 이름을 제대로 알고 먹자 **p 59**

   1 beef gas → beef cutlets   2 curry rice → curry and rice
   3 egg fry → fried eggs   4 I like sponge cake.
   5 I ate french fries.   6 I ordered an omelet over rice.

21 식사 전후의 표현들 **p 61**

   1 growling   2 watering   3 smelled   4 I was very hungry.
   5 I ate up all the food.   6 I was full.

22 매운 것은 음식이죠 **p 63**

1 It 2 It 3 I
5 It was really hot in the morning.

4 The food was really delicious.
6 I was hot with cold.

REVIEW **p 65**

I didn't have breakfast in the morning.
I was hungry, so I wanted to eat anything.
I drank two glasses of water.
I found some carrots on the table.
I don't like carrots, but I wanted to eat the carrots.
They were so delicious.
I will not skip breakfast.

23 이럴 때 가짜 주어를 사용하세요 **p 69**

1 It is not easy to exercise every day.   2 It is not good to skip dinner.
3 It was difficult to have breakfast early in the morning.
4 It is not good to skip breakfast.   5 It is not always good to lose weight.
6 It is not easy to go on a diet.

24 부사를 써야 할 것 같죠? **p 71**

1 kindly → kind   2 slimly → slim   3 smartly → smart
4 The baby looked like a doll.   5 The baby looked pretty.
6 I looked after the baby.

25 없어도 되는 것까지 가지고 있어요 **p 73**

1 I have   2 I have, pimples   3 I have, cheek
4 She has freckles all over her face.   5 I have pimples on my forehead.
6 I have a rash on my cheek.

26 높은 코가 high nose일까요? **p 75**

1~5 p. 226 그림 참조

6 I have a flat nose.   7 I wish to have a big nose.
8 I like my flat nose.

2 nose

1 eye

3 eyebrow

4 teeth

5 mouth

27 외모 표현은 have로 할 수 있어요 **p 77**

examples

1 크다   I have large eyes.
3 길다   I have long legs.

2 까맣다   I have black hair.

4 She has a bob cut.
6 I wish to have long legs.

5 I wish to have long hair.

28 하얀 피부? 검은 피부? **p 79**

1 fair skin   2 dark skin   3 is really fair   4 I wish to have fair skin.
5 I envy her fair skin.   6 My skin is too dark.

29 남에게 시켜서 받은 서비스 **p 81**

1 my hair cut   2 a haircut   3 had my hair   4 I have to get a haircut.
5 I didn't have my hair cut.   6 I really hate getting my haircut short.

30 끼리끼리 비교 **p 83**

1 as, as   2 as, as   3 as slim as   4 I am as handsome as that movie star.
5 My hair is as long as hers.   6 I wish to be as tall as my dad.

31 더 ~한 것 표현하기 **p 85**

1 nicer than   2 larger, than   3 fatter than   4 I am busier than he.
5 He has more clothes than I.   6 I want to look more stylish than he.

32 최고인 것 표현하기 **p 87**

1 the smartest   2 the shortest   3 the best
4 He is the most fashionable in my class.

5 I have the smallest eyes in my family.　6 I got the best grade in my class.

33 몸에 부착하는 것은 다 wear　p 89

1 wear　2 put on　3 wears　　　　4 My dad sometimes wears his wig.
5 I put on my mittens before going out.　6 I don't like to wear glasses.

REVIEW　p 91

I want to look nice.
I want to wear fashionable clothes.
I wish to have fair skin.
I wish to have a big nose.
Today I had my hair cut because I wanted to look more stylish.
I wear earrings.
I think it is not easy to look nice.

34 it을 사용하면 돼요　p 95

1 the time → it　2 the season → it　　3 Outside is bright. → It is bright outside.
4 Finally, it is winter.　　　　5 Today, it was cool.
6 It is already 9 o'clock.

35 ~하자고 요청했어요　p 97

1 asked, to　2 asked, to　3 asked, to play basketball
4 My dad asked me to study English.
5 I asked my friends to play computer games.
6 I asked him to pick me up.

36 어디에 갔나요?　p 99

1 to　2 to church　3 go to　　　　4 My family often goes to the art gallery.
4 I go to school at six o'clock in the morning.
5 I go to bed at 10 o'clock in the evening.

37 전치사를 쓰지 않는 장소　p 101

1 to home → home　2 to upstairs → upstairs　3 to abroad → abroad
4 I went downstairs in a hurry.
5 My uncle went abroad on business.　6 We didn't go there.

38 피크닉과 학교 소풍은 달라요 **p 103**

   1 b 2 a 3 c   4 Today I went on a school trip.
   5 I'm going on a school excursion tomorrow.
   6 I took a trip with my family.

39 기대 표현하기 **p 105**

   1 expect → look forward to 2 meet → meeting 3 watch → watching
   4 I look forward to my first trip abroad.   5 I look forward to eating out.
   6 I look forward to going to Canada with my family.

40 몹시 하고 싶은 일이 있어요 **p 107**

   1 wait 2 can't wait 3 couldn't wait to
   4 I couldn't wait to go to the amusement park.
   5 I couldn't wait to ride the roller coaster.   6 I can't wait to see the musical.

41 해야 할 일, 할 필요가 없는 일 **p 109**

   1 had to 2 had to 3 didn't have to   4 We had to cook lunch.
   5 I didn't have to do the dishes.   6 We had to prepare a campfire.

42 영화 관람 **p 111**

   1 go to the movies 2 horror movies 3 goes to the movies
   4 Yesterday, I went to the movies with my brother.
   5 I wanted to see the movie 'The War.' 6 I like science-fiction movies.

43 지루한 건지, 지루하게 만든 건지 **p 113**

   1 exciting 2 annoyed 3 boring   4 His story was really boring.
   5 The game was very exciting.   6 I was too tired.

44 재미있었던 하루 표현하기 **p 115**

   examples

   1 놀이공원에 갔기 때문에 즐거운 하루였다.
      I had a pleasant day because I went to the amusement park.
   2 시험 공부를 하느라 매우 힘든 하루였다.
      I had a tough day because I had to study for the test.
   3 방과 후에 엄마랑 쇼핑을 갔기 때문에 매우 바쁜 하루였다.

I had a busy day because I went shopping with my mom after school.
4 I had a pleasant day.   5 I had fun with my friends.
6 I really enjoyed the game.

REVIEW   p 117

Today, it was sunny.
We went on a school trip to the amusement park.
We asked the teacher to go early in the morning.
We couldn't wait to ride the roller coaster.
We didn't have to wait in line because we went early.
We went to the movies in the afternoon.
We saw a very exciting movie.
We had a really happy day.

45 스포츠   p 121

examples

1 농구 basketball   2 담임 선생님   my homeroom teacher   3 박지성   Park Jisung
4 My favorite person is my English teacher.
5 My dad's favorite sport is golf.
6 My favorite baseball player is Lee Seungyeop.

46 go -ing로 표현하는 운동   p 123

1 the soccer → soccer   2 to ski → skiing   3 to fish → fishing
4 I played soccer with my friends.   5 I like to play baseball.
6 I sometimes go swimming.

47 전치사를 쓰지 않는 시간   p 125

1 at last night → last night   2 in last year → last year
3 on this winter → this winter
4 My family is going to go skiing next week.
5 I go swimming every weekend.
6 My family goes hiking every Sunday.

My favorite sport is swimming.
I go swimming every weekend, so I am good at swimming.
I play soccer every day during vacation.
I want to learn to ski this winter.
There seems to be a lot of information about sports on the Internet.
I sometimes play online sport games.
I have a chat online about sports with my friends.

56 아침 기상   p147

1 woke up   2 overslept   3 got up, yawned
4 My brother wakes me up every morning.   5 I had to get up early.
6 I stretched myself.

57 세수하고 양치하고   p149

1 wash   2 brushed   3 short shower   4 My brother only washes his face.
5 I wash my hair every morning.   6 I am going to take a bath in the evening.

58 뭐할 시간이지?   p151

1 time   2 time to   3 time to   4 It was time for dinner.
5 It is time to watch TV.   6 It is time to read a book.

59 엊그제는? 내일모레는?   p153

1 last night   2 after tomorrow   3 yesterday morning
4 I met him the day before yesterday.   5 I quarrelled with my brother this morning.
6 I will call my friends tonight.

60 집안일   p155

1 dishes   2 cleaned   3 took out
4 My dad often helps with the housework.
5 I cleaned my room.   6 I had to do the wash.

61 생일 파티   p157

1 celebrated   2 had   3 Happy Birthday   4 Today is my birthday.

5 He lit the candles on the cake.   6 I blew out the candles.

62 감각을 나타내는 동사   p 159

1 sing   2 called   3 push
5 I saw the birds fly.

4 I heard my mom laugh.
6 I saw them dance.

63 장래 희망 말하기   p 161

1 to be   2 be an entertainer   3 in the future   4 My dream is to be a nurse.
5 My dream is to be a fashion designer.
6 I want to be a scientist in the future.

64 교통수단   p 163

1 by   2 by train   3 by taxi
5 I came here by subway.

4 We went to the museum by car.
6 We went to Busan by train.

65 듣는 것도 상황에 따라   p 165

1 listen   2 heard   3 hear
5 He listened to my song.

4 I don't listen to my mom.
6 I heard a strange rumor.

66 잠자다   p 167

1 go   2 sleep   3 fall asleep
5 I went to bed late yesterday.
6 I couldn't fall asleep because of the mosquito.

4 I want to sleep a lot.

REVIEW   p 169

Today I got up early in the morning.
Today was my mom's birthday.
I set the table for her.
Before breakfast, we celebrated her birthday.
We sang, "Happy Birthday" to her.
When we saw my mom smile, we were happy.
I decided to listen to my mom.

67 학교 출결   p 173

1 absent   2 in   3 left

4 Today I played hooky.

5 I tried not to be late for school.   6 He is never absent from school.

68 그럼 hardly는 뭐지?   **p 175**

1 harder   2 hard   3 hardly   4 My parents always work hard.
5 I hardly ever quarrel with my friends.   6 I hardly ever know about it.

69 톰보이가 여자?   **p 177**

1 naughty   2 troublemaker   3 bullies   4 My younger sister is a tomboy.
5 He annoyed me.   6 My cousin is a really naughty boy.

70 주는 게 아니라 받는 것   **p 179**

1 am scolded   2 was praised   3 be punished   4 Today I was scolded.
5 I was punished by my teacher.   6 Now I want to be praised.

71 감정 표현 어떻게 하죠?   **p 181**

1 was pleased   2 was scared   3 was surprised   4 I was pleased to meet him.
5 I was annoyed because of him.   6 I was not excited.

72 문구 이름 제대로 쓰기   **p 183**

1 ballpoint   2 highlighter   3 notebooks   4 I bought a mechanical pencil.
5 I had to borrow a notebook.   6 My dad bought me a laptop computer.

73 나도 공부 잘하고 싶어요   **p 185**

1 good   2 does well   3 good at   4 I want to do well in school.
5 I want to be good at English.   6 My brother does poorly in school.

74 제일 싫은 시험   **p 187**

1 take / have   2 took / had   3 did well   4 Today I took my final exams.
5 I wanted to do well on the exams.   6 I messed up on the exams.

75 잊은 것, 잃은 것 구별하기   **p 189**

1 lost   2 lost   3 forgot   4 I lost my digital camera.
5 I often lose my bags.   6 I forgot his nickname.

76 찾는 것도 제대로   **p 191**

1 looked for   2 looked for   3 find   4 I looked for the shop.

5 I couldn't find the shop.　　6 Finally I found it.

77 야호, 다 끝났어요　**p 193**

1 is over　2 was over　3 finished　　4 I finished everything.
5 I finished my lunch at 3 o'clock.　　6 The interesting class is over.

REVIEW　**p 195**

I like MinSu very much.
He does well in School.
He is hardly ever late for School.
He is often praised by the teacher.
Today, he lost his cell phone.
We looked for it together, but we couldn't find it.
Tomorrow we'll take the exams.
I hope to do well on the exams.

78 통증 말하기　**p 199**

1 had　2 toothache　3 stomachache　　4 I sometimes have a headache.
5 I had a toothache after dinner.　　6 I had an earache.

79 지긋한 감기, 떨쳐버리고 싶다　**p 201**

1 cold　2 sneeze　3 fever　　4 I have a cough.
5 I have a sore throat.　　6 I have a high fever.

80 코 관련 표현　**p 203**

1 cold　2 runny　3 stuffed up　　4 I blew my nose.
5 I sniffled all day.　　6 I have an inflamed nose.

81 눈 관련 표현　**p 205**

1 eyesight　2 near　3 sty　　4 My eyesight is bad.
5 My eyes are bloodshot.　　6 He is color-blind.

82 영어로는 알러지　**p 207**

1 to　2 allergic　3 allergic to　　4 I am allergic to fish.
5 I am allergic to milk.　　6 I am allergic to plums.

83 배가 아파요 **p 209**

   1 food 2 throwing 3 bloated   4 I had indigestion.
   5 Finally, I threw up.   6 I had diarrhea.

84 목발로 걸어요 **p 211**

   1 hurt 2 was broken 3 sling   4 My left leg was broken.
   5 My leg is in a cast.   6 I walk on crutches.

85 병원에서 **p 213**

   1 see 2 shot 3 get well   4 I had to go to see the doctor.
   5 I didn't want to get a shot.   6 I got a prescription.

86 먹기 싫은 쓴 약 **p 215**

   1 take 2 three times 3 bitter   4 I took the medicine every ten hours.
   5 The syrup was sweet.   6 I applied some ointment to my finger.

87 스트레스 **p 217**

   1 stressed 2 stress, out 3 relieve   4 I got stressed because of my computer.
   5 They stressed me out.   6 I need to relieve my stress.

88 운동 **p 219**

   1 exercise 2 push-ups 3 rode   4 I run on the treadmill every day.
   5 I do 10 pull-ups every day.   6 I did 20 sit-ups.

REVIEW **p 221**

I seem to be weak.
When I get stressed, I have a headache.
When it is cold, I have a runny nose.
When I drink milk, I have diarrhea.
I am allergic to dust, so I often sneeze.
I hate to go to see the doctor.
I need to exercise for health.